読んでおきたい偉人伝

先生が選んだ！
日本と世界の偉人
12人の物語

監修／
山下真一
梅澤真一
由井薗 健
（筑波大学附属小学校教諭）

小学
1・2
年

成美堂出版

読《よ》んでおきたい偉人伝《いじんでん》／小学《しょうがく》1・2年《ねん》 もくじ

由井蘭《ゆいぞの》 健《けん》
先生《せんせい》から

ゆめや きぼうを あたえて くれる 十二人《じゅうににん》の お話《はなし》

みなさんは、いま どんな ゆめを もって いますか。
この 本《ほん》は、みなさんが これから 大《おお》きく なって、自分《じぶん》の ゆめを つかんで、しあわせに 生《い》きて いく きぼうを もてるような、十二人《じゅうににん》の お話《はなし》を あつめました。

人《ひと》の ために つくす やさしさ。はつ明《めい》や はっ見《けん》する よろこび。音楽《おんがく》や ものがたりなどで 人《ひと》に あたえる かんどう。十二人《じゅうににん》から、いろいろな 生《い》きかたを 学《まな》べます。

でも、わたしが　いちばん　大切《たいせつ》だと　思《おも》う　ことは、どの人《ひと》も　いつも　どりょくして、さまざまな　こんなんを　のりこえて、わたしたちに、ゆめと　きぼうを　あたえて　くれるような　人《ひと》に　なったと　いう　ことです。

「どりょくを　すれば、自分《じぶん》も　こんな　ことが　できるかもしれない」と　思《おも》って　もらえたら　うれしいです。

この　本《ほん》は、小学校《しょうがっこう》一《いち》、二年生《にねんせい》の　みなさんが　自分《じぶん》の　力《ちから》で　読《よ》めるように、みじかく、わかりやすく　まとめて　います。

ぜひ、わくわくしながら　読《よ》んで　くださいね。

しょうがいを　のりこえて　ゆう気《き》を　あたえた

ヘレン・ケラー

（1880～1968年《ねん》）

文《ぶん》／古谷久子《ふるやひさこ》　絵《え》／鈴木真実《すずきまみ》

アメリカの　小《ちい》さな　町《まち》に、かわいい　女《おんな》の子《こ》が生《う》まれました。名前《なまえ》を　ヘレン・ケラーと　いいます。

ヘレンは、明《あか》るく　いつも　にこにこして　いました。とても　かしこく、生《う》まれて　たった　半年《はんとし》で、いくつかのことばを　話《はな》す　ことが　できるほどでした。

ヘレンは　お母《かあ》さんと　さんぽを　するのが大《だい》すきでした。

「あれは　なに？」

ヘレンが　聞《き》くと、お母《かあ》さんは　花《はな》や　どうぶつの

名前《なまえ》を　教《おし》えて　くれます。鳥《とり》たちの
歌声《うたごえ》も　聞《き》こえて　きます。ヘレンは
とても　しあわせでした。
　しかし、一《いっ》さい七《なな》か月《げつ》の
ころ、ヘレンは　とつぜん　高《たか》い
ねつに　おそわれました。
「ヘレン、ヘレン。どうしたの？」
おいしゃさんに　しんさつして
もらいましたが、原《げん》いんが　わかりません。

「かみさま、どうか　ヘレンを　おたすけ　ください。」
家《か》ぞくの　ひっしの　かんびょうの　おかげで、ヘレンの
いのちは　たすかりました。けれども、ようすが　どこか
おかしいのです。
「ヘレン、お母《かあ》さんですよ。」
よびかけても、わらいも　しなければ、へんじも
しません。お気《き》に入《い》りの　人形《にんぎょう》を　目《め》の　前《まえ》に　もって
いっても、ぽかんと　して　います。
おもい　びょう気《き》の　せいで、ヘレンの　目《め》は　見《み》えなく

なって　しまったのです。それだけで　なく、耳《みみ》も聞《き》こえなく　なりました。自分《じぶん》の　声《こえ》が　聞《き》こえないので、話《はな》しかたを　おぼえる　ことも　できません。いのちはたすかった　ものの、「見《み》えない」「聞《き》こえない」「話《はな》せない」と　いう　三《みっ》つの　くるしみを　せおって生《い》きて　いかなければ　ならなく　なったのです。

　ふじゆうな　体《からだ》に　なった　ヘレンは、いつもお母《かあ》さんの　ようふくの　すそに　しがみついていました。一人《ひとり》ぼっちに　なるのが　ふあんだったからです。

でも　すぐに、ヘレンは　自分《じぶん》の
したい　ことを　みぶりで
つたえるように　なりました。
首《くび》を　たてに　ふれば　「はい」で、
よこに　ふれば　「いいえ」の　しるし。
のどが　かわけば　水《みず》を　のむ
しぐさを　します。でも　みぶり
だけでは、どう　したいのか、わかって
もらえない　ことも　あります。

そんな　ときは、おこって
あばれ出《だ》します。
「このままでは　いけないわ。」
お母《かあ》さんと　お父《とう》さんは、ヘレンを
教《きょう》いくして　くれる　先生《せんせい》に　来《き》て
もらう　ことに　しました。
ヘレンが　七《なな》さいに　なる　少《すこ》し　前《まえ》の
ある　日《ひ》、アン・サリバンと　いう　わかい
女《おんな》の　先生《せんせい》が　やって　きました。

サリバン先生《せんせい》は、子《こ》どもの　ころ　目《め》が　わるかったので、目《め》や　耳《みみ》が　ふじゆうな　子《こ》どもたちの　つらい　気《き》もちが　よく　わかる　先生《せんせい》でした。

「なんて　元気《げんき》で　かしこそうな　子《こ》なのかしら。」

ヘレンを　はじめて　見《み》た　先生《せんせい》は、そう　思《おも》いました。

よく日《じつ》から　サリバン先生《せんせい》の　じゅぎょうが　はじまりました。

まず　きちんと　いすに　すわって、食《しょく》じを　する
くんれんを　しました。いつものように　ヘレンが
手《て》づかみで　食《た》べようと　すると、先生《せんせい》が　止《と》めて、
ナイフと　フォークを　もたせます。自分《じぶん》の　思《おも》いどおりに
ならないので、ヘレンは　くやしくて　あばれます。そんな
ヘレンを　おさえる　ために　とっくみあいに　なる
ことも　ありました。

それでも　先生《せんせい》は　こん気強《きづよ》く　教《おし》えます。こうして
何日《なんにち》も　かかって、ナイフ、フォーク、スプーンを

つかって　食《た》べる　ことが　できるように　なったのです。
つぎに　先生《せんせい》は、「ゆび文字《もじ》」を　教《おし》えました。
ヘレンの　手《て》に　人形《にんぎょう》を　さわらせて、もう　いっぽうの
手《て》のひらに「ドール（人形《にんぎょう》）」と
書《か》いて、ことばを　教《おし》えて　いきます。
ヘレンは、教《おそ》わった　ゆび文字《もじ》を
つぎつぎと　先生《せんせい》の　手《て》のひらに
書《か》きましたが、それが　ものの
名前《なまえ》で　あると　わかって

いません。先生《せんせい》の　ものまねを　する　おもしろい
あそびだと　思《おも》って　いたのです。
ですから、「ウォーター（水《みず》）」と　いう
ことばを　教《おし》えるのは　たいへんでした。
先生《せんせい》は、ヘレンが　手《て》に　もって　いるのが
「コップ」で、コップの　中《なか》に　入《はい》って　いるのが
「水《みず》」だと　教《おし》えようと　するのですが、ヘレンの
頭《あたま》の　中《なか》では、その　くべつが　つかないのです。
「どうしたら、わかって　もらえるかしら？」

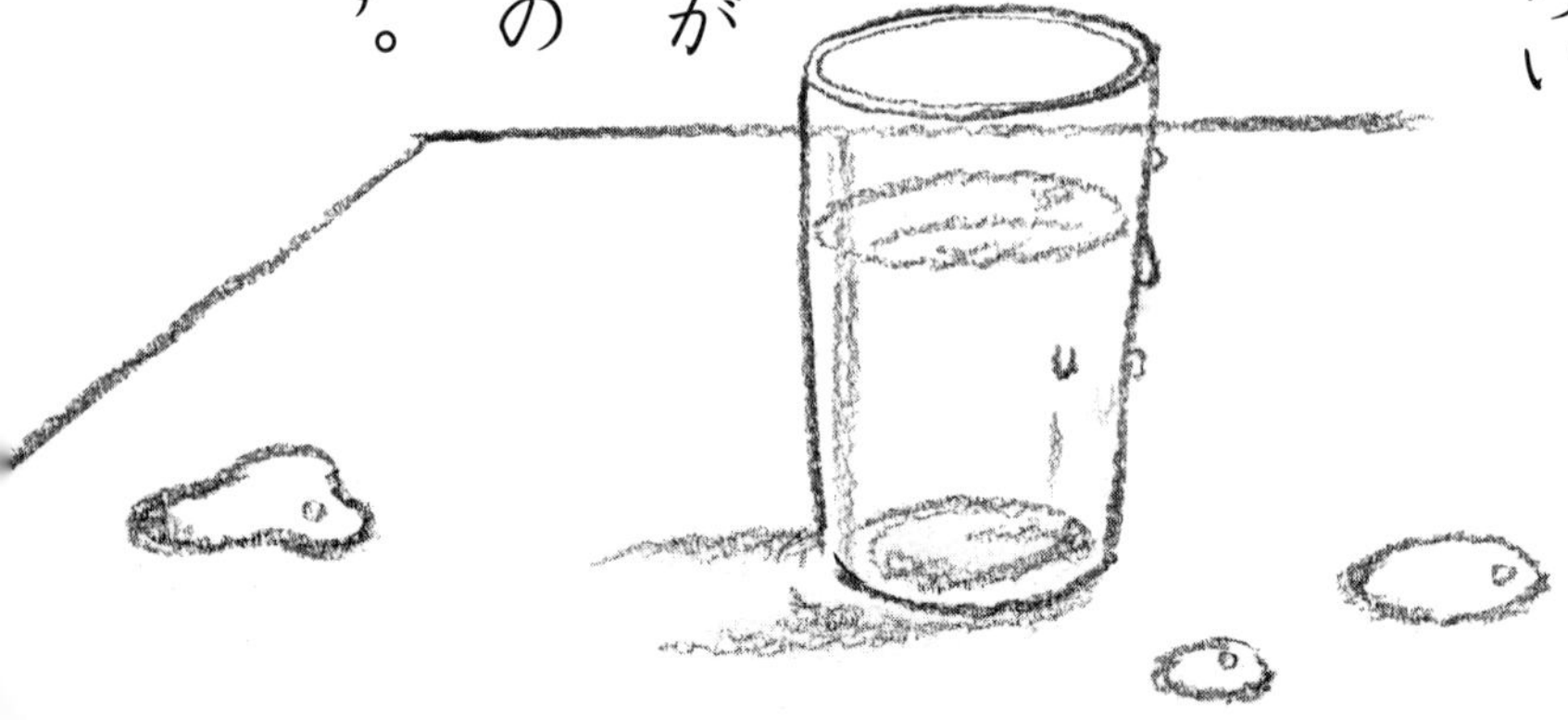

その　とき、だれかが　いどの　ポンプで　水《みず》を
くみ出《だ》して　いるのが　見《み》えました。
「そうだ！」
先生《せんせい》は、ヘレンを　いどの　ところに　つれて　いき、
ヘレンの　手《て》を　水《みず》の　出口《でぐち》に　さし出《だ》させました。
つめたい　水《みず》が　ヘレンの　手《て》に　ながれおちます。その
間《あいだ》に　先生《せんせい》は、ヘレンの　もう　いっぽうの　手《て》のひらに
「ウォーター（水《みず》）」と　なんども　書《か》きました。ヘレンは
先生《せんせい》の　ゆびの　うごきに　気《き》もちを　しゅう中《ちゅう》させます。

その　とき、ヘレンの　頭《あたま》の　中《なか》に　いなずまが
走《はし》りました。
「そうか！〈水《みず》〉と　いうのは、この　つめたい　ものの
名前《なまえ》なんだわ！」
ものには　みんな　名前《なまえ》が　あると、わかった
しゅん間《かん》でした。
その　日《ひ》から　ヘレンは　かわりました。
手《て》に　ふれた　すべての　ものの　名前《なまえ》を、つぎつぎに
おぼえて　いきました。

「お父《とう》さん、お母《かあ》さん、先生《せんせい》、赤《あか》ちゃん……。
花《はな》にも　どうぶつにも　名前《なまえ》が　あるのね！」
ことばが　わかると、もっと　いろいろな　ことが
知《し》りたく　なります。まわりの　人《ひと》たちに　たいしても
やさしい　気《き》もちが　生《う》まれて　きます。もう　らんぼうで
わがままな　ヘレンでは　ありません。サリバン先生《せんせい》の
たすけを　かりながら、声《こえ》を　出《だ》す　れんしゅうを　して
話《はな》しかたを　おぼえ、大学《だいがく》も　そつぎょうしました。
「体《からだ》が　ふじゆうな　人《ひと》の　くるしみは、体《からだ》が　ふじゆうな

人間《にんげん》にしか　わかりません。わたしは、しょうがいが
ある　人《ひと》たちも　しあわせに　くらせる　社会《しゃかい》を
つくる　ために　はたらきたい。」
ヘレンは　そう　心《こころ》に　きめました。
そして　サリバン先生《せんせい》と　いっしょに　せかい中《じゅう》を
まわって　話《はなし》を　したり、本《ほん》を　書《か》いたり　しました。
日本《にほん》にも　三回《さんかい》　来《き》て、ぜん国《こく》で　話《はな》して　まわりました。
「どうか　みなさんの　ランプの　明《あ》かりを、もう
少《すこ》しだけ　高《たか》く　かかげて　ください。目《め》が　見《み》えない

人《ひと》が　すすむ　道《みち》を、明《あか》るく　てらす　ために！」
ヘレンの　はたらきかけで、日本《にほん》や　いろいろな　国《くに》で
しょうがいしゃの　ための　きまりが　できました。
「見《み》えない」「聞《き》こえない」「話《はな》せない」と　いう　三《みっ》つの
くるしみを　のりこえた　ヘレンの　ことばは、人《ひと》びとに
生《い》きる　力《ちから》と、いろいろな　ことに　ちょうせんする
ゆう気《き》を　あたえました。
そして　八十七《はちじゅうなな》さいで　なくなるまで、しょうがいが
ある　人《ひと》の　ために　活《かつ》どうを　つづけたのです。

ミニミニ
人物伝《じんぶつでん》

目《め》が　見《み》えない　人《ひと》の　ために　点字《てんじ》を　つくった

ルイ・ブライユ
（1809～1852年《ねん》）

　フランスの　小《ちい》さな　町《まち》に　生《う》まれた　ブライユは、おさないころ　目《め》が　見《み》えなく　なって　しまいました。

　ブライユが　入《はい》った　学校《がっこう》には、目《め》が　見《み》えない　人《ひと》の　ために、文字《もじ》の　形《かたち》が　うき出《で》た　本《ほん》が　ありました。でも　それは　あまり　つかいやすい　ものでは　ありませんでした。そこで　15さいの　とき、たて　3つの　点《てん》が　よこに　2れつ　ならんだ、6つの　点《てん》を　組《く》み合《あ》わせて　あらわす　点字《てんじ》を　考《かんが》え出《だ》しました。この　6点《てん》しきの　点字《てんじ》は　わかりやすく　べんりだったので、のちに　せかい中《じゅう》へ　広《ひろ》まって　いきました。日本語《にほんご》の　点字《てんじ》も　ブライユの　点字《てんじ》を　もとに　つくられて　います。今《いま》、目《め》の　ふじゆうな　人《ひと》が　点字《てんじ》を　つかえるのは、ブライユ少年《しょうねん》が　一生《いっしょう》けんめい　考《かんが》えて、点字《てんじ》を　はつ明《めい》したからなのです。

楽《たの》しい　虫《むし》の　せかいを　本《ほん》に　まとめた

ファーブル

（1823～1915年《ねん》）

文《ぶん》／加藤純子《かとうじゅんこ》　絵《え》／高橋正輝《たかはしまさてる》

南《みなみ》フランスの　おかの　上《うえ》に　ある　おじいさんの家《いえ》で、五《ご》さいの　ジャン・アンリ・ファーブルは　あひるをかって　いました。

あひるを　水《みず》あびさせる　ために、ファーブルはおかから　ぬまへと　おりて　いきます。ぬまの　中《なか》には、ファーブルが　目《め》を　かがやかせる　生《い》きものが　たくさんいます。

「おたまじゃくし、ミズスマシ、かえるの　たまご……。これは　なんと　いう　名前《なまえ》の　生《い》きものだろう。」

わくわくしながら　水《みず》の　中《なか》に
手《て》を　つっこむと、するりと
にげて　いきます。
家《いえ》が　まずしかった　ファーブルは、
三《さん》さいの　ころから　おじいさんに
あずけられて　いました。でも
さみしくは　ありません。木《き》ぎを
ゆする　風《かぜ》の　音《おと》や、空色《そらいろ》の
たまごを　うむ　鳥《とり》たち。

まわりは、大《だい》しぜんの　みりょくに　あふれて
いたのですから。
「ぼくに　とって　ここは、たからばこだ！」
七《なな》さいに　なった　ファーブルは、学校《がっこう》へ　通《かよ》う
ために、お父《とう》さんと　お母《かあ》さんの　ところへ　帰《かえ》る　ことに
なりました。大《だい》しぜんの　中《なか》で、ずっと　あそんで　いた
ファーブルは、字《じ》の　読《よ》み書《か》きが　できませんでした。
お父《とう》さんに　教《おそ》わりながら、少《すこ》しずつ　字《じ》が

読《よ》めるように　なると、ファーブルは
どんどん　べん強《きょう》が　できるように
なりました。
お父《とう》さんは　きっさ店《てん》を　ひらいて
いましたが、しごとは　あまり
うまく　いきませんでした。その
たびに　ファーブル一家《いっか》は　よその
土地《とち》に　引《ひ》っこしを　して、また
きっさ店《てん》を　ひらくのですが、なんど

やっても　うまく　いきません。
「自分《じぶん》の　食《た》べる　分《ぶん》は、自分《じぶん》で　はたらいて、どうにか
して　くれないか？」
ある　日《ひ》、お父《とう》さんが　こう　言《い》って、一家《いっか》は
ばらばらに　くらす　ことに　なりました。十五《じゅうご》さいの
ファーブルは、学校《がっこう》を　やめて、一人《ひとり》で　生《い》きて
いかなくては　ならなく　なって　しまったのです。
ファーブルは、たくさんの　人《ひと》が　あつまる　ところで、
のみものを　売《う》ったり、てつ道工《どうこう》じの　しごとを

したりして、ひっしで
はたらきました。
そんな　ときでも、ファーブルの
頭《あたま》には、おじいさんの　家《いえ》に
いた　ころに　見《み》た、きれいな
コガネムシなどの　虫《むし》たちの
すがたが　うかんで　います。
思《おも》いうかべると、うれしくて
むねが　くすくすします。

そんな　ある　日《ひ》、先生《せんせい》に　なる　ための　学校《がっこう》が
せいとを　ぼしゅうして　いる　ことを　知《し》りました。
「いちばんで　合《ごう》かくしたら、べん強《きょう》も、すむ　ところも、
食《た》べる　ことも、ぜんぶ　ただだってさ！」
いつも　すむ　ところや　食《た》べる　ことに　くろうして
いた　ファーブルは、まよわず　その　しけんを　うけて
みる　ことに　しました。
そして、みごとに　いちばんで　合《ごう》かくしたのです。
そつぎょうして　先生《せんせい》に　なり、ゆたかな　しぜんが

ある　コルシカとうへ　わたった
ファーブルは、見《み》た　ことの　ない
鳥《とり》や　虫《むし》を　見《み》つけました。
「すごいぞ。これは　すごい！」
ファーブルは、子《こ》どもの
ころから　すきだった、虫《むし》の
かんさつや　べん強《きょう》を　もっと
しようと、心《こころ》に　きめました。
ある　日《ひ》、ファーブルは

デュフールと　いう　こん虫学《ちゅうがく》しゃが　書《か》いた　本《ほん》を
読《よ》んで　びっくりしました。
「これは、なんだ！」
そこには、しぜんの　中《なか》で　くらして　いる　そのままの
すがたを　かんさつして、虫《むし》の　生活《せいかつ》を　しらべる
ようすが　書《か》いて　あったのです。
これまで　ファーブルは、めずらしい　虫《むし》などを
見《み》つけると、つかまえて　きて、つくえに　のせて　体《からだ》の
ようすなどを　しらべて　いました。

しかし、デュフールの本《ほん》を　読《よ》んでからは、虫《むし》めがねを　もって、外《そと》に出《で》る　ことに　しました。そして、どろまみれになりながら　地《じ》めんをはいずって、虫《むし》の　ようすをしらべたのです。

そうして　見《み》つけ出《だ》したのが、

コガネムシの　なかまで　ある、スカラベ・サクレと　いう　ふんころがしです。この　虫《むし》は、牛《うし》や　馬《うま》などの　ふんが　大《だい》すきなのです。

ある　とき、ファーブルは　牛《うし》が　おとして　いった　大《おお》きな　ふんの　かたまりを　見《み》つけました。そこに　やって　きたのが、スカラベ・サクレです。かれらは、頭《あたま》と　あしと　おなかで　ふんを　ちぎって、どこかに　はこんで

いくのです。その　とちゅうで、ふんは　くるくると
玉《たま》のような　形《かたち》に　なって　いきます。
また、ある　あつい　夏《なつ》の　日《ひ》の　ことです。にわを
とりかこむ　木《き》ぎから、セミの　なき声《ごえ》が　聞《き》こえて
きました。セミたちが　木《き》に　うみつけた　たまごは、
よう虫《ちゅう》に　なると、地《じ》めんに　もぐって　大《おお》きく　なります。
ファーブルは、土《つち》の　中《なか》の　セミの　よう虫《ちゅう》が　どんな
くらしを　して　いるのか、知《し》りたいと　思《おも》いました。
セミの　よう虫《ちゅう》は、土《つち》の　中《なか》に　トンネルを　つくり、

それを　かためる　ために、なんと　自分《じぶん》の　おしっこを　つかうのです。また、木《き》の　ねっこから　水分《すいぶん》を　とって、四年《よねん》と　いう　年月《ねんげつ》を　すごして、あなから　地上《ちじょう》に　出《で》て　くるのです。

こうして、ファーブルは、生《い》きて　いる　さまざまな　虫《むし》を　かんさつしては、たくさんの　ことを　見《み》つけ出《だ》して　いきました。

そして　書《か》いたのが　『こん虫記《ちゅうき》』です。一《いっ》かん目《め》を　書《か》きはじめたのは、五十《ごじっ》さいを　すぎたころでした。そして　八十三《はちじゅうさん》さいで　十《じっ》かん目《め》を　書《か》き上《あ》げました。『こん虫記《ちゅうき》』の　七《なな》かん目《め》には「しんだ　まね」と　いう　お話《はなし》が　あります。

こう虫《ちゅう》と　いう、せなかを　かたい　よろいのような　ものに　おおわれて　いる　虫《むし》が　います。その　虫《むし》たちは、人間《にんげん》が　ゆびで　せなかを　さわると、あわてて　あしを　ちぢめて、しんだように　うごかなく　なります。

ほかにも、しんだ まねを する 生《い》きものが います。ダンゴムシです。ダンゴムシは、人間《にんげん》が さわると、まるい ボールのように まるまって しまいます。これも、しんだ まねです。

ファーブルは、生《い》きて いる 間《あいだ》に 『こん虫記《ちゅうき》』の 十一《じゅういっ》かん目《め》を 出《だ》したいと 思《おも》って いました。けれど 体力《たいりょく》が 少《すこ》しずつ おとろえ、とうとう 歩《ある》く

ことも　できなく　なって　しまいました。
九十一《きゅうじゅういっ》さいで　なくなった
ファーブルの　おはかには、
たくさんの　虫《むし》たちが
ファーブルの　しを
かなしむように　むらがって
いた　そうです。

ミニミニ
人物伝《じんぶつでん》

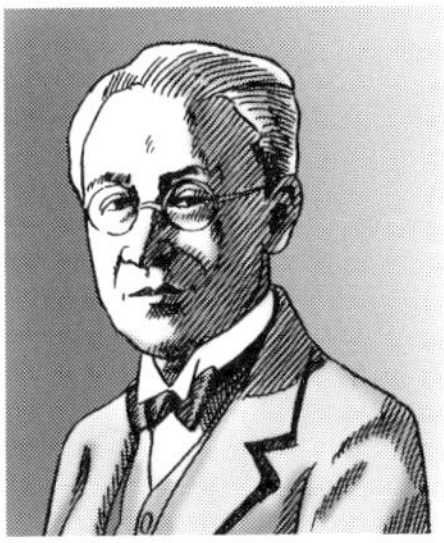

草花《くさばな》を　あいし、たくさんの新《しん》しゅを　はっ見《けん》した

牧野富太郎《まきのとみたろう》
(1862～1957年《ねん》)

小《ちい》さい　ころに　お父《とう》さんと　お母《かあ》さんを　なくした富太郎《とみたろう》に　とって、草《くさ》や　花《はな》は　友《とも》だちでした。

14さいの　ころ　学校《がっこう》を　やめた　富太郎《とみたろう》は、生《う》まれそだった　高知県《こうちけん》の　野山《のやま》で、一人《ひとり》でしょくぶつの　けんきゅうを　はじめます。

そして、新《あたら》しい　しゅるいの　しょくぶつを　見《み》つけて、「ヤマトグサ」と　名《な》づけました。

78さいの　とき、『牧野日本《まきのにほん》しょくぶつ図《ず》かん』をつくりました。今《いま》でも　多《おお》くの　人《ひと》に　読《よ》まれて　いる図《ず》かんです。ほかにも　多《おお》くの　本《ほん》を　書《か》き、しょくぶつの　みりょくを　つたえました。「日本《にほん》のしょくぶつ学《がく》の　父《ちち》」と　よばれた　富太郎《とみたろう》は、94さいで　なくなるまでに、1500しゅるい　いじょうのしょくぶつを　見《み》つけ、名前《なまえ》を　つけました。

おさない　ころから　活《かつ》やくした　天才音楽家《てんさいおんがくか》

モーツァルト

（1756〜1791年《ねん》）

文《ぶん》／加藤純子《かとうじゅんこ》　絵《え》／たざわちぐさ

オーストリアの　山《やま》に　かこまれた　町《まち》　ザルツブルクのどこからか、ながれるような　チェンバロの　音色《ねいろ》が聞《き》こえて　きます。チェンバロと　いうのは、ピアノによく　にた　形《かたち》を　した　がっきです。ピアノがつくられる　前《まえ》は、この　チェンバロが、えんそうでよく　つかわれて　いました。

ひいて　いるのは、三《さん》さいの　男《おとこ》の子《こ》です。名前《なまえ》は、ボルフガング・アマデウス・モーツァルト。のちに、大作《だいさっ》きょく家《か》に　なる　モーツァルトです。

♪

お父《とう》さんは　音楽《おんがく》の　先生《せんせい》を　して　いました。五《ご》さい年上《としうえ》の　お姉《ねえ》さんの　ナンネルも、お父《とう》さんから手《て》ほどきを　うけ、チェンバロを　ひいて　いました。

天才《てんさい》きょうだいと　いう、二人《ふたり》の　うわさは、あっという　間《ま》に、町中《まちじゅう》に　広《ひろ》まって　いきました。

ある　日《ひ》、五《ご》さいに　なった　モーツァルトが、楽《たの》しそうに　チェンバロを　ひいて　いました。

「これは、なんて　いう　きょくだね？」

お父《とう》さんが　聞《き》きました。

「今《いま》、つくった　ばかり　だから、
まだ　きまって　ないよ。」
「えっ！　おまえが
この　きょくを
つくったのか？」
もしかしたら　この
子《こ》には、すごい　才《さい》のうが
あるのかもしれない。お父《とう》さんは、
その　しゅん間《かん》、そう　思《おも》いました。

それは　モーツァルトが、はじめて
つくった　きょくでした。
モーツァルトは、おちつきの
ない、かわった
子《こ》どもでした。食《しょく》じを
して　いる　ときも、
大声《おおごえ》で　はしゃぎまわったり、
「ねえ、ねえ。ぼくの　こと、
すき？　きらい？」

などと、とっぴょうしも　ない　ことを　聞《き》いたり
します。
また、ふざけて、こんな　ことも　言《い》います。
「あ、ナンネルが　スープを　のむ　音《おと》は、
おしっこみたいな　音《おと》が　する！」

モーツァルトと　ナンネルは　学校《がっこう》には　行《い》かず、
お父《とう》さんから　音楽《おんがく》や　べん強《きょう》を　教《おそ》わりました。
子《こ》どもたちの　才《さい》のうを　もっと　のばすには、どうしたら

いいか、お父《とう》さんは　考《かんが》えて　いました。
「そうだ！　えんそうりょこうを
しよう！」
そう　きめると、馬車《ばしゃ》に　二人《ふたり》を
のせ、はじめに　ザルツブルクの
西《にし》に　ある　町《まち》、ミュンヘンを
目《め》ざして　たび立《だ》ちました。
馬車《ばしゃ》から　見《み》える　うつりかわる
けしきに、モーツァルトは　大《おお》さわぎ。

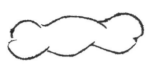

ミュンヘンに　ついた　モーツァルトと
ナンネルは、きぞくたちの　前《まえ》で、
みごとな　えんそうを　ひろうしました。
ザルツブルクに　もどって　きた　一家《いっか》は、
こんどは　ウィーンに　むかいます。
その　ころの　ウィーンは、音楽《おんがく》の　みやこと　よばれ、
たいそう　にぎわって　いました。その　中心《ちゅうしん》に　ある
シェーンブルンきゅうでんには、マリア・テレジアと　いう
ヨーロッパの　国《くに》ぐにを　まもって　いる　女王《じょおう》が

いました。モーツァルトと　ナンネルは、その　きゅうでんに　まねかれ、女王《じょおう》の　前《まえ》で　えんそう　する　ことに　なったのです。それは、二人《ふたり》の　名前《なまえ》が　ウィーン中《じゅう》に　広《ひろ》まると　いう　ことです。こんな　めいよな　ことは　ありません。

モーツァルトと　ナンネルは、きらびやかな　女王《じょおう》の　きゅうでんに　通《とお》されました。

「わ〜、すごい　おやしきだ！」

うかれて　スキップしながら、モーツァルトは

うつくしく　きかざった　人《ひと》たちの
間《あいだ》を　通《とお》りぬけて　いきます。
そして、女王《じょおう》の　前《まえ》に　あいさつに
行《い》こうと　した　とたん、つるつるの
ゆかに　すべって　すってんころりん。
あたりから、どっと　わらい声《ごえ》が　上《あ》がりました。
「だいじょうぶ？　わたしの　うでに　つかまって。」
かわいい　女《おんな》の子《こ》が、やさしく、
手《て》を　さしのべて　くれました。

「ありがとう！　大《おお》きく　なったら、　ぼくの
およめさんに　して　あげるね！」
むじゃきに　モーツァルトは
言《い》いました。その
女《おんな》の子《こ》は、大《おお》きく　なって、
フランス国王《こくおう》の　おくさんに
なる、マリー・アントワネットでした。
モーツァルトは、チェンバロの　前《まえ》に　すわりました。
その　とたん、モーツァルトの　ゆびから、かろやかで

うつくしい　メロディーが　ながれて　いきました。
六《ろく》さいの　子《こ》どもとは　思《おも》えない、すばらしい
えんそうでした。あちこちから　われんばかりの　はく手《しゅ》の
あらしです。
「まさしく　天才《てんさい》だわ！」
音楽《おんがく》が　大《だい》すきな　女王《じょおう》は、数《すう》か月《げつ》は　生活《せいかつ》して
いけるくらいの　たくさんの　お金《かね》を　くれました。
そして、たくさんの　きぞくたちから　えんそうの
おねがいが　あり、それにも　こたえました。

ウィーンでの　大《だい》せいこうを　手《て》に　した　お父《とう》さんは、さらに　つぎの　計画《けいかく》を　立《た》てて　いました。一家《いっか》は、ミュンヘンから、フランスの　パリ、そして　イギリスのロンドンなど　ヨーロッパ中《じゅう》を　まわって、三年《さんねん》にもおよぶ、大《だい》りょこうを　したのです。

その　りょこう中《ちゅう》、モーツァルトは　ベルギーで、はじめて　ピアノを　見《み》ました。ピアノは、チェンバロとちがって、ゆびの　おしかたで、音《おと》の　強弱《きょうじゃく》がつけられます。

はじめて　ピアノの　音《おと》を　聞《き》いた　モーツァルトの
むねが　ふるえました。自分《じぶん》の　音楽《おんがく》の　せかいが　さらに
広《ひろ》がって　いくような　気《き》が　しました。
また、ある　夜《よる》、モーツァルトは　ロンドンで　オペラを
見《み》ました。オペラは、オーケストラの　えんそうに
あわせて　せりふを　歌《うた》に　して、ものがたりを
つくり上《あ》げる　げきです。
「ブラボー！」
人《ひと》びとは、大《だい》こうふん。

モーツァルトも　かんげきで、ほおを　赤《あか》らめて　います。
その　夜《よる》、モーツァルトは　けっ心《しん》します。
「ぼくも　いつか　オペラの　きょくを　つくるんだ！」

大人《おとな》に　なった　モーツァルトは、ふたたび　音楽《おんがく》の
たびに　出《で》ます。モーツァルトの　心《こころ》には、どんな　ときも、
楽《たの》しい　きょくや　うつくしい　きょくが、あふれるように
わき上《あ》がって　いました。その　たびに、むちゅうで
がくふに　むかい、新《あたら》しい　きょくを　つくりました。

二十六《にじゅうろく》さいの　とき、
モーツァルトは　二十《にじっ》さいの
コンスタンツェと
けっこんしました。
それからも、たくさんの
きょくを　生《う》み出《だ》して
いきます。
なかでも、オペラ
『フィガロの　けっこん』は、モーツァルトも　しきしゃと

して　ウィーンに
しょうたいされ、
大人気《だいにんき》に　なりました。
会場《かいじょう》を　ゆさぶる
かんどうで、
アンコールの　はく手《しゅ》は　なりやみませんでした。
けれど　お金《かね》は　入《はい》っても、モーツァルトも　おくさんも
お金《かね》を　ためるのが　へたで、いつも　まずしい　生活《せいかつ》を
して　いました。

そんな　むりが　たたり、モーツァルトの　体《からだ》は、
しだいに　弱《よわ》って　いき、三十五《さんじゅうご》さいの　わかさで
えい遠《えん》の　ねむりに　つきました。

モーツァルトは　みじかい　生《しょう》がいで、なんと
六百《ろっぴゃっ》きょくいじょうの　名《めい》きょくを
書《か》きのこしました。音楽《おんがく》と　いう　楽《たの》しみを
多《おお》くの　人《ひと》びとに　あたえた　モーツァルトの
きょくは、今《いま》なお、せかい中《じゅう》の　人《ひと》びとに
あいされつづけて　います。

ミニミニ
人物伝《じんぶつでん》

オーケストラの　きょくを たくさん　のこした

ハイドン
（1732～1809年《ねん》）

　オーストリアの　小《ちい》さな　村《むら》に　生《う》まれた
ハイドンは、6さいの　とき　音楽《おんがく》の　べん強《きょう》を
はじめます。そして　ハンガリーの　きぞく
「エステルハージ家《け》」で、30年《ねん》もの　間《あいだ》、音楽家《おんがくか》と
して　はたらきます。そこで　たくさんの　きょくを
つくった　ハイドンの　人気《にんき》は、しだいに　広《ひろ》まって
いきました。24さい　年下《としした》の　モーツァルトと　出会《であ》い、
かたい　きずなで　むすばれたのも、そんな　ときでした。
「交《こう》きょうきょくの　父《ちち》」と　よばれた　ハイドンから、
モーツァルトは　大《おお》きな　えいきょうを　うけます。
交《こう》きょうきょくとは、たくさんの　がっきを　つかう
オーケストラの　ための　きょくです。
　ハイドンは、生《しょう》がいで　700いじょうの　きょくを
つくったと　いわれて　います。

人《ひと》びとの　生活《せいかつ》を　べんりに　した　はつ明王《めいおう》

エジソン

（1847〜1931年《ねん》）

文《ぶん》／田邊忠彦《たなべただひこ》　絵《え》／くすはら順子《じゅんこ》

今《いま》から　百五十年《ひゃくごじゅうねん》いじょう前《まえ》、アメリカで
一人《ひとり》の　男《おとこ》の子《こ》が生《う》まれました。
男《おとこ》の子《こ》の　名前《なまえ》は、トーマス・アルバ・
エジソン。人《ひと》の　声《こえ》などを
ろく音《おん》して聞《き》く　ことが
できる「ちく音《おん》き」や、電気《でんき》で
明《あ》かりを　つける「白《はく》ねつ電《でん》きゅう」を
はつ明《めい》して「はつ明王《めいおう》」と
よばれた　人《ひと》です。

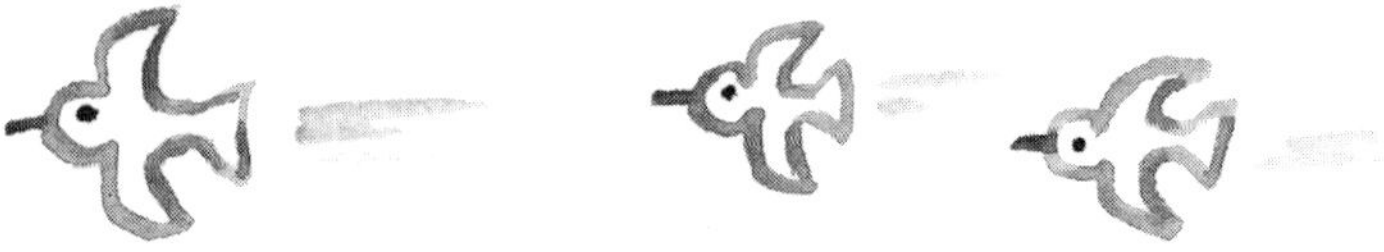

小《ちい》さい　ころの　エジソンは、わからない　ことが
あると、なんでも　まわりの　大人《おとな》に　聞《き》きました。
「鳥《とり》は　なぜ　空《そら》を　とべるの？」
「火《ひ》は　どうして　もえるの？」
大人《おとな》にも　わからない　ことは
あります。さいしょは　エジソンの
しつもんに　ていねいに　答《こた》えて
いた　大人《おとな》たちも、だんだん
にげるように　なりました。

「あ！　あの　こぞうが　来《き》た。
あいつの　あい手《て》を　して　いたら、
しごとが　できないからな。
みんな　かくれろ！」
「……ねえねえ、おじさんたち。
なぜ　かくれて　いるの？
なにから　かくれて　いるの？」
「う、うるさい！　この　なぜなぜこぞう！」
こんな　ことが　よく　ありました。

七《なな》さいに　なった　エジソンは、小学校《しょうがっこう》に　入《はい》りました。
小学校《しょうがっこう》でも　わからない　ことが　あれば、
「なぜ？」「どうして？」と　先生《せんせい》に　聞《き》きます。
「A《エー》、B《ビー》、C《シー》は　どうして
あるんですか？」
「二《に》たす　二《に》は　なんで
四《よん》なのですか？」
ところが、先生《せんせい》は
「そう　いう　きまりなんだ！」

と　しか　答《こた》えて　くれません。
それでも、エジソンが
「なぜ？」と　聞《き》きつづけると、
先生《せんせい》は　とうとう　おこり出《だ》して、
「おまえが　いると　じゅぎょうが　すすまない。
もう　学校《がっこう》には　来《く》るな。」
と　言《い》われて　しまいました。
こうして、エジソンは　たった　三《さん》か月《げつ》で　小学校《しょうがっこう》を
やめる　ことに　なったのです。

エジソンは　文字《もじ》の　読《よ》みかたや　書《か》きかた、算数《さんすう》などを　お母《かあ》さんに　教《おそ》わりました。
お母《かあ》さんに　たくさん　本《ほん》を　読《よ》むように　言《い》われたエジソンは、れきしの　本《ほん》や　ものがたりなど　いろいろな本《ほん》を　読《よ》みました。なかでも　いちばん　すきになったのは、科学《かがく》の　じっけんの　ことが　書《か》かれた本《ほん》です。この　本《ほん》に　むちゅうに　なった　エジソンは、
「自分《じぶん》でも　じっけんを　して　みたい。」
と　思《おも》うように　なりました。そして、十二《じゅうに》さいに　なった

エジソンは、いろいろな　じっけん道具《どうぐ》を　買《か》う　ために、
れっ車《しゃ》の　中《なか》で　新聞《しんぶん》を　売《う》る　しごとを　はじめました。
しかも　れっ車《しゃ》の　いちばん　後《うし》ろの　へやを
じっけん室《しつ》と　して　つかう　ことを　ゆるして
もらったのです。

ところが　ある　とき、エジソンは　じっけん室《しつ》で火《か》じを　おこして　しまいます。車《しゃ》しょうさんはかんかんに　おこって、エジソンの　じっけん室《しつ》をなくして　しまいました。

おちこんだ　エジソンですが、うれしい　こともおきました。れっ車《しゃ》に　ひかれそうに　なった　男《おとこ》の子《こ》をたすけた　エジソンに、その　子《こ》の　お父《とう》さんで　あるえき長《ちょう》さんが　電《でん》しんの　やりかたを　教《おし》えて　くれるというのです。

電《でん》しんとは、「トン」と　「ツー」と　いう
電気《でんき》しんごうで　遠《とお》くの　人《ひと》と　れんらくを
とる、さい先《せん》たんの　ぎじゅつです。
エジソンは　むちゅうに
なって　電《でん》しんの
やりかたを　おぼえて
電《でん》しんの
ぎじゅつしゃに
なりました。

電《でん》しんの　ぎじゅつしゃに　なると、科学《かがく》の
はっ見《けん》や　はつ明《めい》など　いろいろな　場所《ばしょ》から　来《く》る
新《あたら》しい　じょうほうを　知《し》る　ことが　できます。

「せかいには　いろいろな　はつ明《めい》が　あるんだな。
ぼくも　人《ひと》の　やくに　立《た》つ　はつ明《めい》が　してみたい。」

こう　思《おも》った　エジソンは　二十一《にじゅういっ》さいの　とき、
さんせいや　はんたいの　とうひょうを、ボタン　一《ひと》つで
できる　きかいを　はつ明《めい》しました。
これが　エジソンの　はじめての　はつ明《めい》です。

しかし、この　きかいは　まったく
売《う》れませんでした。
せいじ家《か》に　しか
ひつようが　ない
ものだったからです。
「もっと　たくさんの　人《ひと》の
やくに　立《た》つ　はつ明《めい》を
しなければ　ならないんだ。」

そして、二十九《にじゅうきゅう》さいに　なった
エジソンは、ニュージャージーしゅうの
メンローパークと　いう　町《まち》に
けんきゅうじょを　つくったのです。
この　けんきゅうじょで、
ちく音《おん》きや
白《はく》ねつ電《でん》きゅうなど
人《ひと》びとを　あっと　おどろかせるような
きかいを　つぎつぎと　はつ明《めい》し、

「メンローパークの　まじゅつし」と
いわれるように　なりました。
ただし、どの　はつ明《めい》も
まじゅつしのように　かんたんに
つくり出《だ》した　わけでは　ありません。
白《はく》ねつ電《でん》きゅうの　はつ明《めい》では、電気《でんき》を
通《とお》すと　光《ひか》る「フィラメント」と
いう　ぶひんが　長《なが》い　時間《じかん》
光《ひか》るように　する　ために、

何千《なんぜん》しゅるいもの　ざいりょうを　ためして　います。
「これも　だめだ。これも　だめ。
……おお！　これは　長《なが》く　光《ひか》って　いる。日本《にほん》の
京都《きょうと》に　生《は》えて　いる　竹《たけ》か。一年間《いちねんかん》　かかったが、
ようやく　見《み》つけたぞ！」
この　白《はく》ねつ電《でん》きゅうの　ほかにも
エジソンは、八十四《はちじゅうよん》さいで
なくなるまでに、えい画《が》の
もとに　なった

「キネトスコープ」や、はつ電《でん》を　する
きかいなどを　はつ明《めい》しました。
グラハム・ベルと　いう　人《ひと》が
はつ明《めい》した　電話《でんわ》きを、ちゃんと
つかえるように　かいりょうしたのも
エジソンです。多《おお》くの　人《ひと》の　毎日《まいにち》の
くらしまで　かえて　しまう　はつ明《めい》を
たくさんした　エジソンですが、
その　はつ明《めい》が　生《う》まれるまでには

たくさんの　しっぱいも　ありました。
でも、エジソンは　こんな　ことを　言《い》っています。
「しっぱいを　した　わけでは　ない。
べん強《きょう》したのだと　言《い》いなさい。」

ミニミニ 人物伝《じんぶつでん》

あらゆる　分野《ぶんや》で　活《かつ》やく　江戸時《えどじ》だいの　天才《てんさい》はつ明家《めいか》

平賀源内《ひらがげんない》
(1728〜1779年《ねん》)

今《いま》の　香川県《かがわけん》に　生《う》まれた　源内《げんない》は、「火《か》かんぷ」という　もえない　ぬのや　おんど計《けい》を　つくったはつ明家《めいか》です。「エレキテル」と　いう　せい電気《でんき》をおこす　きかいを　しゅう理《り》した　ことでも知《し》られています。ただし　源内《げんない》は、はつ明《めい》だけでゆう名《めい》だった　わけでは　ありません。やく草《そう》をけんきゅうして　いた　源内《げんない》は、29 さいで江戸《えど》（今《いま》の　東京都《とうきょうと》）に　出《で》て、めずらしい　しょくぶつやどうぶつを　あつめた　てんらん会《かい》を、日本《にほん》で　はじめてひらきました。また、本《ほん》を　かいたり、西《せい》よう風《ふう》の絵《え》を　かいたり、「源内《げんない》やき」と　いう　やきものを考《かんが》えるなど　げいじゅつ家《か》でも　あったのです。ちなみに夏《なつ》の「土用《どよう》の　うしの日《ひ》」に　うなぎを　食《た》べるようになったのも、源内《げんない》の　アイデアだと　いわれて　います。

せかい中《じゅう》で　あいされる　どう話《わ》の　王《おう》さま

アンデルセン

（1805〜1875年《ねん》）

文《ぶん》／押川理佐《おしかわりさ》　絵《え》／林《はやし》よしえ

人間《にんげん》に　こいを　する　『人魚《にんぎょ》ひめ』。一羽《いちわ》だけ
きょうだいと　ちがう　『みにくい　あひるの
子《こ》』。自分《じぶん》が　はだかだと　気《き》づかない　『はだかの
王《おう》さま』。ほかにも、『親《おや》ゆびひめ』や　『雪《ゆき》の
女王《じょおう》』、『マッチ売《う》りの　少女《しょうじょ》』など。どれも
せかい中《じゅう》の　子《こ》どもたちに　あいされて　いる
どう話《わ》です。書《か》いたのは、すべて　同《おな》じ　人《ひと》。
どう話《わ》の　王《おう》さまと　いわれる、
ハンス・クリスチャン・アンデルセンです。

アンデルセンは、今《いま》から
二百年《にひゃくねん》あまり　前《まえ》に、デンマークの
オーデンセと　いう　町《まち》で
生《う》まれました。家《いえ》は　まずしく、
お父《とう》さんは　ほそぼそと　くつを
直《なお》す　しごとを　して　いました。
本《ほん》が　すきで、もの知《し》りな　人《ひと》でした。
お母《かあ》さんは　せんたくの　しごとを
して、くらしを　ささえました。

アンデルセンは　本《ほん》を　読《よ》んだり、歌《うた》を歌《うた》ったりするのが　大《だい》すきな　少年《しょうねん》でした。でも、べん強《きょう》はにが手《て》。学校《がっこう》も　すぐに　やめて　しまいました。そんなアンデルセンに、お父《とう》さんは、人形《にんぎょう》を　つくって人形《にんぎょう》げきを　して　みせて　くれました。また、外国《がいこく》のおとぎ話《ばなし》を　聞《き》かせて　くれる　ことも　ありました。

「むかし　むかし、こんな　王子《おうじ》さまが　いたんだよ……。」

アンデルセンは、お父《とう》さんの　人形《にんぎょう》げきや　お話《はなし》が楽《たの》しみでした。そのうちに、自分《じぶん》でも　お話《はなし》を　つくって

あそぶように　なりました。
ところが、十一《じゅういっ》さいの　ときに、かなしい　ことが
おこります。お父《とう》さんが　びょう気《き》で　なくなったのです。
くらしも　ますます　まずしく　なりました。お母《かあ》さんは、
アンデルセンの　しょう来《らい》を　思《おも》って、ようふくを
つくる　しごとに　つかせようと　しました。けれども、
アンデルセンの　ねがいは　まったく　ちがったのです。
「ぼく、みやこへ　行《い》って、はいゆうに　なりたい。
はなやかな　ぶ台《たい》で　歌《うた》って、おしばいを　するんだ。」

じつは、この　ころ、みやこから来《き》た　おしばいを　見《み》て、すっかりむちゅうに　なっていたのです。そして　とうとう、心《しん》ぱいする　お母《かあ》さんをふりきって、デンマークのみやこ、コペンハーゲンへとたび立《だ》ちました。
十四《じゅうよん》さいの　ときでした。

コペンハーゲンは　はなやかな
大《だい》とかいでした。まずしい　みなりの
少年《しょうねん》は、なかなか　あい手《て》に　して
もらえません。それでも　なんとか、
親切《しんせつ》な　先生《せんせい》を　見《み》つけて、歌《うた》を
ならいはじめましたが……。
「ゲホゲホ、あれ、声《こえ》が
おかしいぞ。」
なんと、かぜで　声《こえ》を　からして　しまったのです。

「その　声《こえ》では、はいゆうは　むりだね。あきらめなさい。」
歌《うた》の　先生《せんせい》にも　言《い》われて　しまいました。
その　とき、アンデルセンは、ふと　ひらめきました。
「そうだ。ぼくは　お話《はなし》を　つくるのが　とくいなんだ。
はいゆうが　だめなら、おしばいを　書《か》く　人《ひと》に
なろう。」
さっそく　しばいの　きゃく本《ほん》を　書《か》いて、げき場《じょう》に
もって　いきました。ところが、それを　読《よ》んだ　人《ひと》は、
「なんだ、これは。字《じ》も　文《ぶん》も、まちがいだらけじゃ

ないか。」
子《こ》どもの　ころ、べん強《きょう》を　しなかった　せいでした。
「これも　だめか。ぼくは　どうしたら　いいんだ……。」
とほうに　くれて　いると、コリンさんと　いう、
げき場《じょう》で　いちばん　えらい　人《ひと》が、
「きみの　きゃく本《ほん》には、いい　ところが　たくさん　ある。
きちんと　学校《がっこう》で　べん強《きょう》して　みたら　どうだね？」
そう　言《い》って、学校《がっこう》に　入《い》れて　くれたのです。
「ようし、こんどこそ、ぜったいに　がんばるぞ！」

アンデルセンは、子《こ》どもたちに
まじって、ひっしに　べん強《きょう》しました。
やがて、どんどん　上《うえ》の　クラスに
上《あ》がって　いき、ついには　大学《だいがく》に
入《はい》りました。
そして、べん強《きょう》の　あい間《ま》に、
せっせと　きゃく本《ほん》や
大人《おとな》むけの　お話《はなし》や　しを
書《か》きました。アンデルセンの

書《か》いた　きゃく本《ほん》は　げき場《じょう》で　上《じょう》えんされ、お話《はなし》も　本《ほん》になりました。けれども、みやこの　人《ひと》たちは、アンデルセンの　本《ほん》を　ひどく　けなしました。

「あいつの　本《ほん》は、字《じ》も　まちがいだらけだし、くだらない。」

いい　ところも　たくさん　あったのですが、人《ひと》びとは　アンデルセンを　ほかの　ゆう名《めい》な　作家《さっか》と　くらべては、わらいものに　したのです。アンデルセンは　かなしくなりました。でも、あきらめたりは　しませんでした。

「つぎは　もっと　いい　ものを　書《か》くぞ。きっと　ぼくの

お話《はなし》の　よさを　わかって
くれる　人《ひと》が　いる　はずだ。」
アンデルセンは　大学《だいがく》を　やめ、
作家《さっか》ひとすじで　生《い》きて　いく
ことに　きめました。ときには、
外国《がいこく》を　たびして、いろいろな
ものを　見《み》たり　聞《き》いたり　して、
つぎつぎに　お話《はなし》を　書《か》きました。
やがて、イタリアを　ぶ台《たい》に

した　こいの　ものがたりを　書《か》いた　ところ、ひょうばんに　なり、外国《がいこく》でも　本《ほん》に　なりました。それまで　けなして　いた　人《ひと》たちも、ようやく　たいどを　あらためました。アンデルセンは　一人前《いちにんまえ》の　作家《さっか》と　して　みとめられるように　なったのです。

いっぽうで、アンデルセンは　これまでと　ちがう　お話《はなし》も　書《か》きはじめました。子《こ》どもむけの　どう話《わ》です。

「どう話《わ》は　おもしろいなあ。お話《はなし》が　どんどん　うかぶぞ。」

アンデルセンは　子《こ》どものような　心《こころ》を　もって

いました。これが　どう話《わ》を
書《か》く　力《ちから》に　なったのです。
「なんだ、どう話《わ》なんて、
くだらない。もっと
むずかしい、　大人《おとな》むけの
お話《はなし》を　書《か》けば　いいのに。」
みやこの　みぶんの　高《たか》い
人《ひと》たちは　言《い》いました。
どう話《わ》の　ねうちは

ひくいと　思《おも》われて　いたのです。
アンデルセンは　がっかり
しました。
　ところが、いなかへ
行《い》って　みると……。
「あんたの　どう話《わ》、
おもしろかったよ！
また　書《か》いてね。」
「あんなに　おもしろい

お話《はなし》、はじめて 読《よ》んだよ。」
村《むら》の 人《ひと》たちが 声《こえ》を かけて くれたのです。
「そうか。お話《はなし》は、みやこの えらい 人《ひと》たちだけの
ものじゃ ないんだ。」
アンデルセンは 心《こころ》を きめました。
「ようし、ぼくの お話《はなし》を よろこんで 読《よ》んで くれる
人《ひと》たちの ために、もっと もっと どう話《わ》を 書《か》くぞ！」
こうして『人魚《にんぎょ》ひめ』や、『マッチ売《う》りの 少女《しょうじょ》』が
生《う》まれました。人間《にんげん》の かなしみや よろこび、おろかさや

心《こころ》の　うつくしさを　えがいた　アンデルセンの
どう話《わ》は、大《だい》ひょうばんに　なりました。もう、ばかに
する　人《ひと》は　いません。どう話《わ》の　すばらしさが　みんなに
つたわったのです。
アンデルセンは、デンマークを　だいひょうする　作家《さっか》と
なりました。そして、七十《ななじっ》さいで　なくなるまで、二百作《にひゃくさく》を
こえる　どう話《わ》を　書《か》きました。アンデルセンの　書《か》いた
どう話《わ》は、今《いま》も　せかい中《じゅう》の　子《こ》どもたちに
あいされつづけて　いるのです。

ミニミニ人物伝《じんぶつでん》

グリムどう話《わ》の　作《さく》しゃ

グリム兄弟《きょうだい》

兄《あに》 ヤーコプ（1785～1863年《ねん》）
弟《おとうと》 ウィルヘルム（1786～1859年《ねん》）

ヤーコプと　ウィルヘルムの　兄弟《きょうだい》は、今《いま》から230年《ねん》ほど　前《まえ》、ドイツに　生《う》まれました。まずしいくらしの　なか、二人《ふたり》は　けんめいに　べん強《きょう》して大学《だいがく》へ　すすみ、ほうりつを　学《まな》びます。そして、大学《だいがく》の先生《せんせい》の　家《いえ》で、古《ふる》い　歌《うた》や　しの　本《ほん》に　出合《であ》いました。

その　すばらしさに　ひかれた　兄弟《きょうだい》は、ドイツにつたわる　古《ふる》い　お話《はなし》、とくに　子《こ》どもの　ためのおとぎ話《ばなし》を　あつめはじめました。人《ひと》から　人《ひと》へと　口《くち》でつたわって　きた　おとぎ話《ばなし》は、ほうって　おけば、わすれられて　しまいます。兄弟《きょうだい》は、たくさんの　人《ひと》に聞《き》いた　おとぎ話《ばなし》を　まとめて、本《ほん》に　しました。『白雪《しらゆき》ひめ』や　『ヘンゼルと　グレーテル』など、兄弟《きょうだい》が　しょうかいした　おとぎ話《ばなし》は、今《いま》でもせかい中《じゅう》の　子《こ》どもたちに　親《した》しまれて　います。

びょう気《き》の　原《げん》いんを　つきとめる！

野《の》口《ぐち》英《ひで》世《よ》

（1876〜1928年《ねん》）

文《ぶん》／加藤純子《かとうじゅんこ》　絵《え》／吉田《よしだ》 晴《はる》

福島県《ふくしまけん》の　小《ちい》さな　村《むら》で　生《う》まれた　野口英世《のぐちひでよ》は、子《こ》どもの　ころ、「清作《せいさく》」と　いう　名前《なまえ》でした。
清作《せいさく》は、赤《あか》ちゃんの　とき、いろりに　手《て》を　つっこんで大《おお》やけどを　しました。その　せいで、左手《ひだりて》の　ゆびがまがって　くっついてしまい、つかえません。
「わーい、ぼうだ。ぼうだ！」
学校《がっこう》では　いつも　その　手《て》のことを、からかわれて　いました。
まずしい　家《いえ》に　生《う》まれた　清作《せいさく》でしたが、べん強《きょう》なら

だれにも　まけません。お母《かあ》さんは、そんな　清作《せいさく》を
いつも　やさしく　見《み》まもって　くれて　いました。
ある　日《ひ》、清作《せいさく》は、学校《がっこう》で
自分《じぶん》の　左手《ひだりて》の　ことを、
作文《さくぶん》に　書《か》きました。
「この　手《て》で　ぼくは、
いつも　つらい　思《おも》いを
して　います。家《いえ》も
びんぼうです。でも、

だからと　いって、あきらめては　いません。お母《かあ》さんが、いつも　ぼくを　おうえんして　くれて　いるからです。ぼくは　お母《かあ》さんの　ためにも、がんばろうと思《おも》います。」

清作《せいさく》の　作文《さくぶん》に、教室中《きょうしつじゅう》が　かんどうしました。この　作文《さくぶん》が　きっかけで、みんなが　お金《かね》を　出《だ》してくれて、手《しゅ》じゅつを　うける　ことに　なります。

その　手《しゅ》じゅつで　手《て》が　うごくように　なりました。すっかり　なおった　わけでは　ありませんが、清作《せいさく》はよろこびました。
「いしゃって　すごい！」
清作《せいさく》は、手《しゅ》じゅつを　して　くれた
先生《せんせい》のような　いしゃに　なりたいと
思《おも》いました。そして、その　先生《せんせい》の
びょういんで　はたらきながら、
べん強《きょう》する　ことに　したのです。
昼間《ひるま》は　はたらき、夜《よる》は　べん強《きょう》。
おまけに　清作《せいさく》は、えい語《ご》や、ドイツ語《ご》など

外国《がいこく》の　ことばの　べん強《きょう》も　しました。
「だれよりも、なんばいも　べん強《きょう》を　するのが　天才《てんさい》だ。」
清作《せいさく》は、いつも　自分《じぶん》に　言《い》い聞《き》かせて　いました。
そんな　どりょく家《か》の　清作《せいさく》にも、
一《ひと》つだけ　弱点《じゃくてん》が　ありました。
いしゃに　なる　しけんを　うけるため、
東京《とうきょう》に　行《い》く　とき、村《むら》の　人《ひと》たちから
たくさんの　お金《かね》を　もらったのに、
気《き》づいたら　さいふは　すっからかん。

清作《せいさく》は、お金《かね》を　どんどん　つかって　あそんで
しまうのです。そして、お金《かね》が　なくなると
「すみません。わたしに　しごとを　ください。」
そう　言《い》っては、だれかを　たよって　いきました。
けれど、どりょくを　する　こと　だけは
わすれませんでした。
「どりょくを　するのは　くるしいけれど、それが
みのった　ときほど、うれしい　ことは　ない。」
清作《せいさく》の　口《くち》ぐせでした。

清作《せいさく》は、二十《にじっ》さいで　いしゃの　しけんに合《ごう》かくしました。そして、びょう気《き》の　原《げん》いんに　なる細《さい》きんを　しらべる　けんきゅうじょで、じょ手《しゅ》と　して　はたらき　はじめました。

けんびきょうを　つかって、目《め》で　見《み》る　ことが　できないびょう気《き》の　原《げん》いんを　つきとめるよろこびに、清作《せいさく》は　むねを　たかならせて　いました。

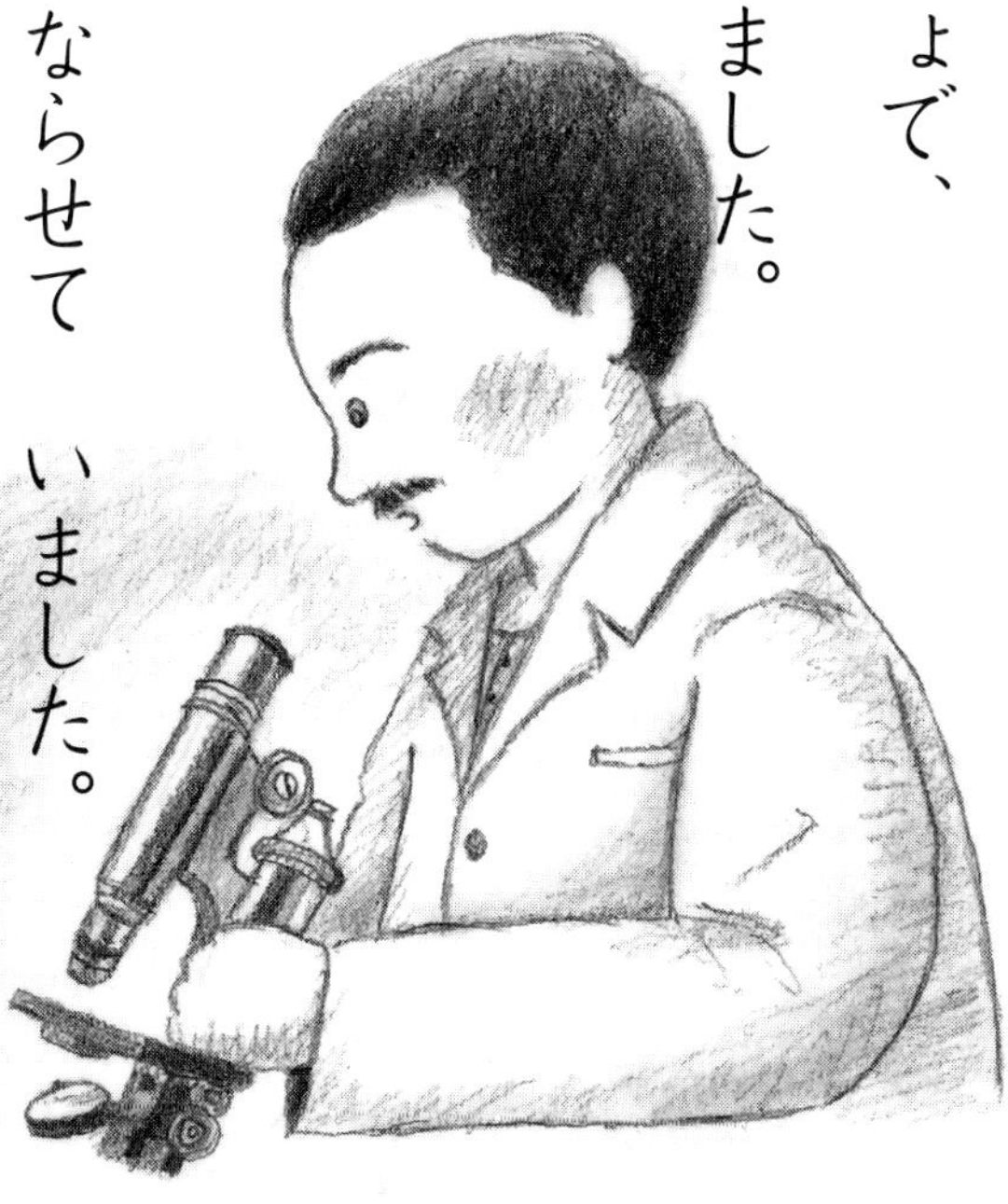

「おおぜいの　人《ひと》が、この　細《さい》きんの　せいで　しんで
いる。ぼくの　力《ちから》で、みんなを　たすけたい！」
その　ころ、清作《せいさく》は、おせわに　なった　先生《せんせい》に、
「英世《ひでよ》」と　いう　名前《なまえ》を　つけて　もらいました。新《あたら》しい
名前《なまえ》を　もらった　英世《ひでよ》は、ますます　けんきゅうに
のめりこんで　いきました。
えい語《ご》が　とくいな　英世《ひでよ》は、二十四《にじゅうよん》さいの　とき、
アメリカへ　わたりました。アメリカは　細《さい》きんの
けんきゅうが、日本《にほん》より　すすんで　いたからです。

手紙《てがみ》も　出《だ》さず、とつぜん　やって　きた　英世《ひでよ》に、アメリカの　けんきゅうじょの　はかせは　こまりはて、

「きみは　へびの　けんきゅうを
した　ことが　あるかね？」

と　たずねました。そんな
けんきゅうは　やった　ことも
ありません。でも　日本《にほん》に
おいかえされたら　たいへんです。

「はい！」

英世《ひでよ》は　思《おも》わず　へんじを　して　しまいました。
そして、へびの　どくの　けんきゅうを　はじめたのです。
英世《ひでよ》は、やり出《だ》したら　ねる間《ま》も
おしんで　けんびきょうに　むかいます。
そんな　日《ひ》が　何日《なんにち》も　つづきました。
「あいつは、いったい、いつ　ねて
いるんだろう。」
けんきゅうじょの　なかまたちも、
英世《ひでよ》を　心《しん》ぱいして、うわさして　いました。

三十六《さんじゅうろく》さいに　なった　英世《ひでよ》は、へびの　どくや、さまざまな　細《さい》きんを　しらべた　けんきゅうしゃとして、ゆう名《めい》に　なりました。町《まち》を　歩《ある》いて　いると「ドクター・ノグチだ！」と　ふりかえられます。その　たびに、英世《ひでよ》は　とくいな顔《かお》を　しました。そして　その　名前《なまえ》は、日本《にほん》にもつたわって　いきました。英世《ひでよ》は、日本《にほん》の　大学《だいがく》からしょうを　おくられ、ノーベルしょうの　こうほにもなったのです。

「お母《かあ》さんに　会《あ》いたい。この　すがたを、
お母《かあ》さんに　見《み》て　もらいたい！」
そう　思《おも》った　英世《ひでよ》は、
十五年《じゅうごねん》ぶりに、日本《にほん》に　帰《かえ》って
きました。ふるさとの
なつかしい　村《むら》は、大《だい》かんげいで
英世《ひでよ》を　むかえて　くれました。
ひさしぶりに　お母《かあ》さんとの
楽《たの》しい　時間《じかん》を　すごした　英世《ひでよ》は、

アメリカに　もどって　いきました。それから　しばらくして、お母《かあ》さんが　なくなったと　いう　知《し》らせがとどきました。

英世《ひでよ》は、かなしみを　のりこえて、黄《おう》ねつびょうのけんきゅうに　とり組《く》みました。黄《おう》ねつびょうは、しょうじょうが　すすむと、高《たか》い　ねつが　出《で》て、体《からだ》が黄色《きいろ》く　なり、しんで　しまう　びょう気《き》です。ところが、黄《おう》ねつびょうの　原《げん》いんに　なる　細《さい》きんがなかなか　見《み》つかりません。

英世《ひでよ》は、いつものように
ねる間《ま》も　おしんで、その
細《さい》きんを　見《み》つけようと
ひっしでした。その　間《あいだ》も、
アフリカでは　たくさんの
人《ひと》が　しんで　います。
英世《ひでよ》は、アフリカに　行《い》く
ことを　けっ心《しん》します。
もちろん　まわりは

大《だい》はんたいです。

「いつも、むちゃばかり　する　人《ひと》が、あんな　あつい　ところでは、体《からだ》が　もちませんよ。」

ちゅうとはんぱな　ことが　きらいな　英世《ひでよ》は、

「その　場所《ばしょ》に　行《い》って、黄《おう》ねつびょうで　くるしんで　いる　人《ひと》から　ち・を　とって、けんきゅうしたいんです！」

そう　言《い》って、アフリカへと　たび立《だ》って　いきました。

しかし、細《さい》きんの　はっ見《けん》まで　あと　一《いっ》歩《ぽ》と　いう

ところで、自分《じぶん》が　黄《おう》ねつびょうに　かかり、五十一《ごじゅういっ》さいで
生《しょう》がいを　とじました。
じつは、黄《おう》ねつびょうの　原《げん》いんは、細《さい》きんよりも
小《ちい》さな　ウイルスで、当時《とうじ》の　ぎじゅつでは
見《み》つけられない　大《おお》きさだったのです。
英世《ひでよ》は　今《いま》、ニューヨークの　おはかに　ねむって
います。そこには　こう　しるされて　います。
「野口英世《のぐちひでよ》、すべてを　科学《かがく》に　ささげ、人《ひと》びとの　ために
生《い》き、人《ひと》びとの　ために　しんで　いった。」

ミニミニ
人物伝《じんぶつでん》

日本《にほん》の　いがくを　はってんさせた

北里柴三郎《きたさとしばさぶろう》
(1853~1931年《ねん》)

　東京大学《とうきょうだいがく》　いがく部《ぶ》で　いしゃに　なる　べん強《きょう》をした　柴三郎《しばさぶろう》は、そつぎょう後《ご》、ドイツで　細《さい》きんについて　けんきゅうしました。そして　はしょう風《ふう》のちりょうに　せいこうして、せかい中《じゅう》の　いがくしゃがおどろきました。はしょう風《ふう》とは、きず口《ぐち》から　きんが体《からだ》に　入《はい》り、やがて　しんで　しまう　びょう気《き》です。

　ドイツから　日本《にほん》へ　帰《かえ》ると、けいおうぎじゅくをつくった　福澤諭吉《ふくざわゆきち》の　力《ちから》を　かりて　「でんせんびょうけんきゅうじょ」を　つくりました。びょう気《き》の原《げん》いんを　しらべる　この　けんきゅうじょで、野口英世《のぐちひでよ》は　柴三郎《しばさぶろう》に　とても　おせわに　なったといわれています。けんきゅうじょが　国《くに》の　しせつになると、柴三郎《しばさぶろう》は　新《あたら》しく　「北里《きたさと》けんきゅうじょ」をつくり、けんきゅうを　つづけました。

もっとも　まずしい　人《ひと》に　あいを　そそいだ

マザー・テレサ

（1910〜1997年《ねん》）

文《ぶん》／押川理佐《おしかわりさ》　絵《え》／ちばみなこ

一九七九年《ねん》。この　年《とし》の　ノーベルへいわしょうをうけたのは、一人《ひとり》の　小《こ》がらな　おばあさんでした。白《しろ》と　青《あお》の　サリーと　いう　インドの　いしょうで会場《かいじょう》に　あらわれると、ごうかな　おいわいのパーティーを　やめるように　言《い》いました。

「かわりに　その　分《ぶん》の　お金《かね》で、たくさんの　まずしい人《ひと》たちに　食《た》べものを　くばりたいのです。」

この　おばあさんこそ、せかい中《じゅう》の　まずしい　人《ひと》のために　つくした、マザー・テレサです。

テレサは、今《いま》から　百年《ひゃくねん》あまり
前《まえ》に、東《ひがし》ヨーロッパの　マケドニアで
生《う》まれました。子《こ》どもの　ころの
名前《なまえ》は　アグネス・ゴンジャ・ボヤージュ。
お母《かあ》さんは　おさない　アグネスを
つれて、まずしい　人《ひと》の　家《いえ》へ
よく　行《い》きました。
食《た》べものや　お金《かね》を　分《わ》けて
あげたのです。

「アグネス、まずしい　人《ひと》に　親切《しんせつ》に　する　ことは、かみさまに　親切《しんせつ》に　するのと　同《おな》じ　ことなのよ。」
九《きゅう》さいの　ときに　お父《とう》さんが　なくなりましたが、アグネスは　かなしみに　まけずに　そだちました。
ある　とき、遠《とお》い　インドで、まずしい　人《ひと》の　ために　はたらく　シスターたちが　いると　知《し》りました。
シスターと　いうのは、かみさまに　つかえる　女《おんな》の　人《ひと》の　ことです。この　ことは、アグネスの　心《こころ》に　強《つよ》く　のこりました。

そして、十八《じゅうはっ》さいの　とき、けっ心《しん》しました。
「お母《かあ》さん。わたし、シスターに　なる。そして、インドへ
行《い》って　まずしい　人《ひと》の　おやくに　立《た》ちたいの。」
シスターに　なるには、家《いえ》を　出《で》て　しゅう道《どう》いんに
入《はい》り、きびしい　生活《せいかつ》を　おくらなくては　なりません。
家《か》ぞくとも　二《に》どと　会《あ》えなく　なるのです。
アグネスが　本気《ほんき》だと　知《し》ると、お母《かあ》さんは　言《い》いました。
「どんな　ときも、かみさまが　たすけて　くださるからね。」
こうして　アグネスは、インドへ　たび立《だ》ちました。

インドの　しゅう道《どう》いんに　入《はい》ると、「テレサ」と　いう名前《なまえ》の　シスターに　なりました。しごとは、コルカタという　町《まち》に　ある、お金《かね》もちの　家《いえ》の　子《こ》どもが　通《かよ》う学校《がっこう》の　先生《せんせい》。じつは、まずしい　人《ひと》たちは、しゅう道《どう》いんの　外《そと》に　いたのですが、シスターはかってに　外《そと》へは　出《で》られなかったのです。

三十六《さんじゅうろく》さいの　ころ、インドで
大《おお》きな　あらそいが　おきていました。
おおぜいの　人《ひと》が　しに、コルカタの
町《まち》は、にげて　きた　人《ひと》で
あふれました。食《た》べる　ものも
すむ　ところも　ない　まま、
道《みち》ばたに　たおれて　いるのです。
「ああ、わたしに　できる
ことは　ないのかしら……。」

そんな　ある　日《ひ》。テレサが　汽車《きしゃ》に　のって　いると、とつぜん、心《こころ》に　かみさまの　声《こえ》が　聞《き》こえたのです。
「テレサよ。しゅう道《どう》いんの　外《そと》に　出《で》て、もっとも　まずしい　人《ひと》の　ために　つくしなさい。」
テレサは　思《おも》わず　「はい」と　答《こた》えました。ずっと　気《き》に　かかって　いた　ことに、かみさまが　答《こた》えて　くれたのです。くろうして　しゅう道《どう》いんから　出《で》る　ゆるしを　もらうと、今《いま》までとは　ちがう、そまつな　サリーを　みに　つけました。

「まずしい　人《ひと》たちと
同《おな》じ　かっこうよ。」
テレサは　一人《ひとり》で
コルカタの　町《まち》へと　ふみ出《だ》すと、
スラムへ　行《い》きました。
スラムと　いうのは、もっとも
まずしい　人《ひと》が　くらす　地《ち》いきの　こと。
ゴミだらけの　場所《ばしょ》に、ぼろぼろの
小屋《こや》が　たって　います。

テレサは　スラムの　子《こ》どもを　あつめると、ぼうきれで
地《じ》めんに　字《じ》を　書《か》いて、教《おし》えはじめました。みんな
まずしくて、学校《がっこう》に　行《い》けないのです。テレサは
子《こ》どもたちの　体《からだ》を　あらい、食《た》べものも　くばりました。
「先生《せんせい》、明日《あした》も　来《き》て　いい？」
「ええ、もちろん。毎日《まいにち》　来《き》て　ちょうだい。」
それから　家《いえ》いえを　まわって、まずしい　人《ひと》の　ための
食《た》べものを　もらいました。ときには
おいかえされましたが、テレサは　あきらめません。

毎日《まいにち》、くたくたに　なるまで　歩《ある》いて、くすりや
食《た》べものを　あつめたのでした。
「スラムの　人《ひと》たちは　こんなに　くろうして　いるのね。
わたしは　少《すこ》しでも、みんなに　よりそいたいわ。」
やがて、手《て》つだって　くれる　シスターたちも
あらわれました。それは、テレサが　むかし　教《おし》えた
せいとたちでした。テレサの　行《おこな》いを　見《み》て、今《いま》までの
めぐまれた　くらしを　すてて　やって　きたのです。
テレサは　この　シスターたちの　リーダーと　なり、

マザー・テレサと　よばれるように　なりました。
ある　日《ひ》、テレサは、道《みち》ばたに
女《おんな》の　人《ひと》が　たおれて　いるのを　見《み》つけました。
びょう気《き》で　しにかけて　いたのです。
でも、びょういんは　どこも
いっぱいでした。
「このまま　一人《ひとり》ぼっちで
しなす　わけに　いかないわ。」
テレサは　びょういんに　かけあい、

なんとか　入《にゅう》いんさせて　もらいました。けれども、町《まち》には
そんな　びょう人《にん》が　まだまだ　おおぜい　いたのです。
「こう　なったら、わたしたちで　引《ひ》きとりましょう。」
テレサは　つかわれなくなった
お寺《てら》を　かりると、行《い》き場《ば》の
ない　びょう人《にん》を　つぎつぎに
引《ひ》きとりました。シスターたち
みんなで、心《こころ》を　こめて
おせわを　したのです。

「ほんとうに　つらいのは、
まずしさでは　ないのだわ。
みんなに　見《み》すてられ、
一人《ひとり》ぼっちだと　かんじる　ことよ。」
ときには、こう　聞《き》く　人《ひと》も　いました。
「スラムには　まずしい　人《ひと》が　数《かぞ》えきれないほど　いる。
一人《ひとり》ずつ　たすけた　ところで、きりが　ないでしょう？」
すると　テレサは、きっぱりと　言《い》いました。
「おおぜいを　たすける　ためには、まず　はじめの

一人《ひとり》を　たすけなければ　ならないのです。」
テレサたちの　活《かつ》どうは、広《ひろ》く　知《し》られるように　なり、
おうえんして、お金《かね》を　くれる　人《ひと》も　ふえました。
テレサは　こうした　お金《かね》で、「子《こ》どもの　家《いえ》」を
つくりました。親《おや》の　いない　子《こ》どもたちを　引《ひ》きとって
そだてたのです。また、びょう気《き》の　せいで　きらわれて
きた　人《ひと》たちの　ために、「へいわの　村《むら》」も　つくりました。
やがて、外国《がいこく》にも　なかまが　できました。せかい中《じゅう》に
「子《こ》どもの　家《いえ》」や、まずしい　人《ひと》の　ための　場所《ばしょ》が

生《う》まれたのです。
そして、六十九《ろくじゅうきゅう》さいの　とき、
テレサは　ノーベルへいわしょうを
うけました。これは　へいわの
ために　つくした　人《ひと》に
おくられる　しょうです。
「わたしは、すべての　まずしい
人《ひと》に　かわって、この
しょうを　うけます。」

テレサは　日本《にほん》にも　来《き》ました。インドでの　活《かつ》どうに
くわわりたいと　いう　人《ひと》に、テレサは　言《い》いました。
「まずしい　人《ひと》は　どんな　ところにも　います。あなたの
そばに　いる　まずしい　人《ひと》に　手《て》を　さしのべて。」
八十七《はちじゅうなな》さいで　なくなるまで、テレサは　まずしい　人《ひと》に
よりそいつづけました。テレサが　たった　一人《ひとり》で
はじめた　活《かつ》どうは、今《いま》では　せかいに　大《おお》きな
あいじょうの　わを　広《ひろ》げて　いるのです。

ミニミニ人物伝《じんぶつでん》

音楽《おんがく》で　あいと　へいわを　うったえた　ロック歌手《かしゅ》

ジョン・レノン
（1940～1980年《ねん》）

　イギリス生《う》まれの　ジョンは、学校《がっこう》に　なじめなかった少年《しょうねん》の　ころに、ロック音楽《おんがく》を　聞《き》いて　むちゅうになります。16さいで　組《く》んだ　バンドは、のちに「ザ・ビートルズ」と　いう　名前《なまえ》に　なりました。少《すこ》しずつ　人気《にんき》が　出《で》て、22さいの　ときに　出《だ》したきょくが　大《だい》ヒット。せかいの　記《き》ろくを　ぬりかえる人気《にんき》ものに　なります。この　ころ、ベトナムでせんそうが　おきました。ジョンは　つまの　オノ・ヨーコと　いっしょに　せんそうに　強《つよ》く　はんたいし、あいと　へいわの　大切《たいせつ》さを　うったえました。やがて、ザ・ビートルズは　かいさんしました。その　後《ご》、ジョンがへいわを　ねがって　つくった　『イマジン』と　いう歌《うた》は、ほかの　たくさんの　ヒットきょくの　なかでも、とくに　今《いま》も　せかい中《じゅう》で　あいされて　います。

二人《ふたり》で　いどんだ　空《そら》を　とぶ　ゆめ

ライト兄弟《きょうだい》

兄《あに》 ウィルバー（1867〜1912年《ねん》）　弟《おとうと》 オービル（1871〜1948年《ねん》）

文《ぶん》／押川理佐《おしかわりさ》　絵《え》／佐藤雅枝《さとうまさえ》

「ねえ、こんどは　ぼくの　番《ばん》だよ、兄《にい》ちゃん！」
「よし、思《おも》いっきり　高《たか》く　とばせよ、オービル！」
二人《ふたり》の　兄弟《きょうだい》が、小《ちい》さな　おもちゃを　とばして
あそんで　います。これは、お父《とう》さんの　おみやげで、
ゴムを　ぐるぐる　ねじると、竹《たけ》の　プロペラが　まわって
空《そら》を　とぶのです。かんたんな　しかけでしたが、兄弟《きょうだい》は
ひとめ見《み》て、むちゅうに　なりました。

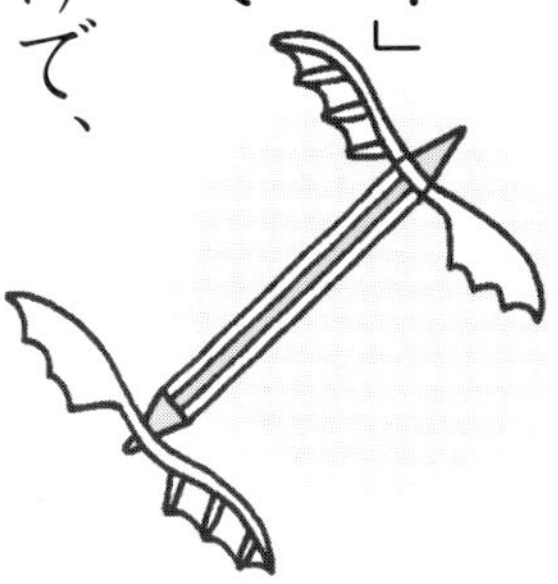

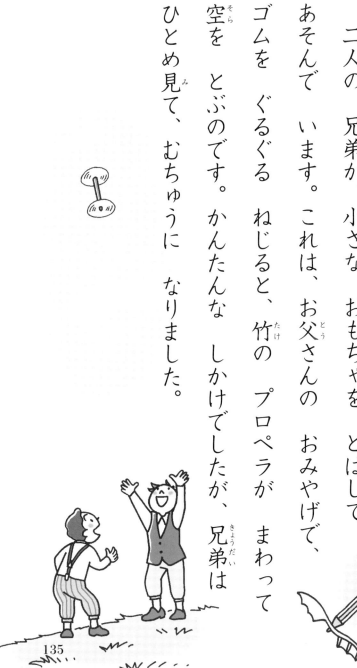

「お兄《にい》ちゃんたち、いつまで　やってるの？」
妹《いもうと》の　キャサリンも　あきれ顔《がお》。そのうちに、
おもちゃは、とうとう　ばらばらに　なって　しまいました。
すると、兄弟《きょうだい》は　自分《じぶん》たちで、まったく　同《おな》じ
おもちゃを　つくり、また　あそびはじめたのです。この
なかよしの　二人《ふたり》こそ、のちに　せかいで　はじめて、
エンジンつきの　ひこうきを　はつ明《めい》した、ライト兄弟《きょうだい》です。
兄《あに》の　ウィルバー・ライトと、弟《おとうと》の　オービル・ライトは、

今《いま》から　百五十年《ひゃくごじゅうねん》ほど　前《まえ》に、アメリカで　生《う》まれました。
そだったのは、オハイオしゅうの　デートンと　いう　町《まち》。
小《ち》さい　ころから　ものを　つくるのが　大《だい》すきでした。
お母《かあ》さんも　ものを　つくるのが　上手《じょうず》でした。
「いい？　なにかを　つくる　ときには、
まず　紙《かみ》に、せっ計図《けいず》を　かくの。
どう　すれば　思《おも》った　とおりに
でき上《あ》がるか、よく　考《かんが》える
ことが　だいじなのよ。」

二人《ふたり》は　いつも、お母《かあ》さんに　教《おそ》わった　とおり、せっ計図《けいず》を　かいて、そりや　に車《ぐるま》など、いろいろな　ものを　つくりました。

ある　ときは、くふうを　こらした　たこを　つくりました。ほかの　たこが　おちて　しまう　なか、二人《ふたり》が　つくった　たこは　高《たか》く　上《あ》がって　いきます。

「わあ。なんだか、ぼくらまで　とんでる　気分《きぶん》だ。」

たこを　見上《みあ》げながら、オービルが　言《い》いました。

「ほんとうだね。ああ、鳥《とり》みたいに　空《そら》を　とべたらなあ。」

ウィルバーも　言《い》いました。
この　ときの　ねがいは、
二人《ふたり》の　心《こころ》に　ずっと
のこって　いたのでした。

大《おお》きく　なった　二人《ふたり》は、自《じ》てん車店《しゃてん》を　はじめました。
けれども、二人《ふたり》の　ゆめは、もっと　先《さき》へと　広《ひろ》がって
いました。それは、人《ひと》を　のせて　じゆうに　空《そら》を　とぶ、
ひこうきの　はつ明《めい》です。

人《ひと》が　空《そら》を　とぶなんて、ゆめの　また　ゆめだといわれた　時《じ》だい。遠《とお》くへ　出《で》かけるにも、自動車《じどうしゃ》か船《ふね》で、時間《じかん》を　かけて　行《い》くしか　ありませんでした。

そんな　なか、何人《なんにん》かが、すでにひこうきの　はつ明《めい》に　とり組《く》んでいました。ドイツでは、リリエンタールという　人《ひと》が、グライダーで　空《そら》をとびました。グライダーと　いうのは、大《おお》きな　つばさが　ついた　そうちです。

グライダー

ただし、風《かぜ》の　力《ちから》で　とぶため、じゆうに　行《い》きたい
ところへ　行《い》く　ことは　できません。
アメリカの　ラングレーと　いう　はかせは、お金《かね》を
たくさん　かけて、エンジンつきの　ひこうきを
つくりました。エンジンが　あれば、風《かぜ》に　たよらずに
とべます。けれども、この　ひこうきは、人《ひと》を　のせて
とび立《た》った　とたんに　川《かわ》へ　おちて　しまいました。
人《ひと》びとは　がっかりしました。ゆう名《めい》な　はかせが、
お金《かね》を　かけて　つくっても　だめだったのです。

さて、小《ちい》さな　自《じ》てん車店《しゃてん》の　おくでは、ライト兄弟《きょうだい》が
ひっそりと　けんきゅうを　つづけて　いました。
ひこうきは、風《かぜ》で　ゆれると、うまく　とべません。
「どんな　風《かぜ》が　来《き》ても、つばさを　ぐらぐらさせない
ためには、どう　したら　いいんだろう……？」
兄弟《きょうだい》は　考《かんが》えこみました。
その　とき、一羽《いちわ》の　タカが、
空《そら》を　とんで　いくのが
見《み》えました。風《かぜ》が　ふく

たびに、つばさを　かたむけ、
バランスを　とって　います。
「あれだ！　あの
タカみたいに、つばさを
かたむけられるように　したら、
ぐらぐらせずに　とべるんじゃ　ないかな？」
さっそく　新《あたら》しく　グライダーを　つくると、遠《とお》く
はなれた　キティホークと　いう　村《むら》へ
はこびこみました。

キティホークは、家《いえ》も　少《すく》なく、すな地《ち》ばかりの村《むら》でした。けれども、二人《ふたり》の　じっけんには　うってつけの場所《ばしょ》です。風《かぜ》が　とても　強《つよ》かったからです。

思《おも》った　とおり、グライダーは、つばさを　かたむけることで、うまく　バランスを　とって　とびました。

「やったぞ！　じっけんは　せいこうだ……。」

ところが、おかしな　ことが　おきました。とつぜんグライダーが　くるくると　まわって　おちそうになったのです。なぜかは　わかりませんでした。つばさを

かたむける　だけでは、まだ　なにかが　たりないのです。
「いったい、なにが
たりないんだろう……？」
二人《ふたり》は　いったん　家《いえ》に　帰《かえ》りました。
そして、むかしの　じっけんの　記《き》ろくを、
自分《じぶん》たちで　はかりなおしたのです。
まず、いろいろな　形《かたち》の
つばさを　つくります。そして、
それを　風《かぜ》に　あてて、うごきかたを

細《こま》かく　しらべました。
これは　とても　こん気《き》の
いる　しごとでした。
こうして　はかりなおした
正《ただ》しい　記《き》ろくを　もとに、
新《あたら》しく、とても　大《おお》きな
グライダーが　でき上《あ》がりました。
こんどの　グライダーには、
しっぽの　ぶぶんに、「びよく」と　いう

つばさを　つけました。この　びよくも、うごかせるように
して　みると、グライダーは　前《まえ》よりも　ずっと　うまく
とべるように　なりました。もう、とんで　いる　ときに、
とつぜん　くるくる　まわる　ことも　ありません。
「やったぞ！　あと　もう　ひといきだ。」
二人《ふたり》は　くろうして　エンジンと　プロペラを　つくって、
とりつけました。そして、でき上《あ》がった　ひこうきを、
「フライヤーごう」と　名《な》づけました。
つぎの　年《とし》、二人《ふたり》は　また　キティホークへ　行《い》きました。

風《かぜ》の　強《つよ》い、冬《ふゆ》の　朝《あさ》でした。見《けん》ぶつ人《にん》は　たったの
五人《ごにん》。みんなで、さきゅうに　長《なが》い　レールを　しくと、
大《おお》きな　フライヤーごうを　上《うえ》まで　はこびます。
あたりには　強《つよ》い　風《かぜ》が　ふきあれて　います。
弟《おとうと》の　オービルが　フライヤーごうに　のりこみ、
エンジンを　かけました。フライヤーごうは　風《かぜ》に
むかって　すすんで　いきます。兄《あに》の　ウィルバーが、
つばさを　ささえて　走《はし》ります。フライヤーごうが
ふわりと　ちゅうに　うきました。ウィルバーが

つばさから　手《て》を　はなします。
「とんだ！　人《ひと》が　空《そら》を　とんだぞ！」
ついに　せいこうです。名《な》も　ない
兄弟《きょうだい》が　くろうして　つくった
ひこうきが、せかいで
はじめて、人《ひと》を　のせて、
じゆうに　空《そら》を
とんだのです。時間《じかん》は
わずか　十《じゅう》二《に》びょうでした。

この　あとも　二人《ふたり》は　ひこうきの　かいりょうを
つづけ、ライト兄弟《きょうだい》の　名前《なまえ》は　せかいに　とどろきました。
二人《ふたり》が　はつ明《めい》した　つばさの　くふうは、百年《ひゃくねん》たった
今《いま》の　ひこうきにも　つかわれて　います。

鳥《とり》のように　空《そら》を　とびたい。
おさない　ころの　二人《ふたり》の　ねがいが、今《いま》の
わたしたちの　くらしにも　つながって　いるのです。

ミニミニ人物伝《じんぶつでん》

せかいを　おどろかせる　ひこうきを　つくった

堀越二郎《ほりこしじろう》
（1903～1982年《ねん》）

群馬県《ぐんまけん》で　生《う》まれた　二郎《じろう》は、大学《だいがく》を　出《で》て、ひこうきを　つくる　会社《かいしゃ》に　入《はい》ります。日本《にほん》は　まだ　ひこうきづくりを　はじめた　ばかりで、外国《がいこく》には　かないませんでした。その　ころ、日本《にほん》は　せかいの　国《くに》ぐにと　せんそうを　する　ことに　なりました。二郎《じろう》は　たたかう　ための　ひこうき、「ゼロせん」を　つくります。ゼロせんは　はやくて　長《なが》く　とべる　ため、外国《がいこく》の　ひこうきを　つぎつぎに　うちおとして、おどろかせました。やがて　日本《にほん》は　せんそうに　まけはじめます。ゼロせんは　てきに　体《たい》あたりする　作《さく》せんに　つかわれ、おおぜいの　わかものが　いのちを　おとしました。かなしい　さいごを　むかえた　ゼロせんですが、二郎《じろう》の　こころざしは、今《いま》も　日本《にほん》の　ひこうきづくりに　生《い》きて　います。

ゴジラを　生《う》み出《だ》した　えい画《が》かんとく

円谷《つぶらや》英二《えいじ》

（1901～1970年《ねん》）

文《ぶん》／山口《やまぐち》 理《さとし》　絵《え》／篠崎三朗《しのざきみつお》

「ガオーッ！」

スクリーンを　見《み》つめて　いた　かんきゃくが
いっせいに　のけぞりました。

「お、大《おお》きい！」

「こわい！」

「すごい　はく力《りょく》だ！」

その　スクリーンに　うつって　いたのは、日本《にほん》が
せかいに　ほこる　かいじゅう、『ゴジラ』でした。

そして、この　ゴジラを　生《う》み出《だ》したのが、のちに

「とくさつ（とくしゅさつえい）の　かみさま」と
よばれるように　なる　えい画《が》かんとく、
円谷英二《つぶらやえいじ》なのです。
子《こ》どもの　ころの　英二《えいじ》は、
もけいづくりが　すきで、
なかでも　ひこうきに　強《つよ》い
きょうみを　もって　いました。
その　ひこうきずきは　大《おお》きく
なっても　かわらず、十五《じゅうご》さいの

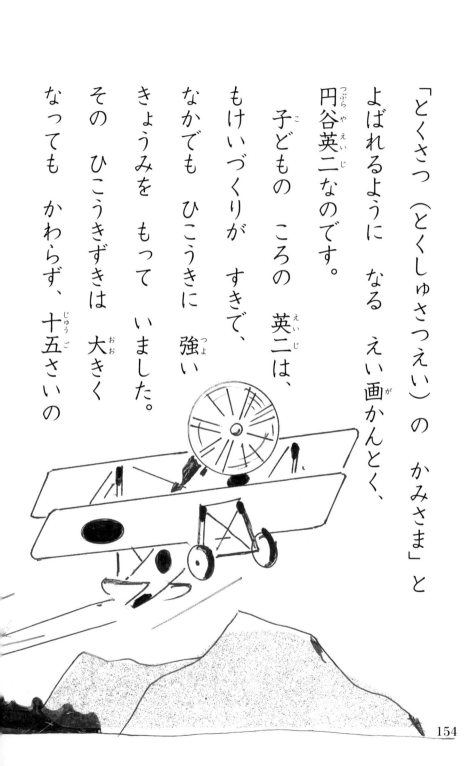

ときに　東京《とうきょう》に　ある、ひこうしに　なる
学校《がっこう》に　入学《にゅうがく》したほどでした。
やがて　大学《だいがく》に　入《はい》り、学《がく》ひを　かせぐため、
おもちゃ会社《がいしゃ》に　しゅうしょくしました。
英二《えいじ》が　十八《じゅうはっ》さいの　とき、その　会社《かいしゃ》で　お花見《はなみ》を
する　ことに　なりました。ところが　そこで、会社《かいしゃ》の
人《ひと》たちと、となりの　グループが　けんかに
なって　しまいました。
「まあまあ、楽《たの》しい　お花見《はなみ》に　けんかなんて、

やめましょうよ。」
英二《えいじ》が、その　けんかを　止《と》めに　入《はい》ります。
その　英二《えいじ》に、一人《ひとり》の　男《おとこ》の　人《ひと》が　声《こえ》を　かけました。
それは、枝正義郎《えだまさよしろう》と　いう　えい画《が》の　しごとを　して
いる　人《ひと》でした。
そんな　ふしぎな　出会《であ》いから、英二《えいじ》は　えい画会社《ががいしゃ》で
はたらくように　なったのです。
三十二《さんじゅうに》さいの　ときの　ことでした。英二《えいじ》は、ある
一本《いっぽん》の　えい画《が》に、大《おお》きな　ショックを　うけました。

それは、アメリカで　つくられた　『キング・コング』と
いう　えい画《が》でした。
キング・コングは、大《おお》きな　大《おお》きな　ゴリラの　かいぶつで、
高《たか》い　ビルの　上《うえ》で、ひこうきと　たたかいます。

「すごい！ いったい、どうやって さつえいしたんだろう。」

それは、「とくさつ」と いう、とくべつな しかけを つかった さつえい方《ほう》ほうでした。英二《えいじ》も、自分《じぶん》なりの くふうで、とくさつの けんきゅうに とり組《く》んでは いましたが、キング・コングの とくさつは、じっさいには ありえない 場《ば》めんを、本《ほん》もののように 見《み》せる、まほうのような ぎじゅつでした。それと くらべると、自分《じぶん》の ぎじゅつが、とても レベルの ひくい ものに 思《おも》えて しまいます。

「自分《じぶん》も　いつか、こんな　すごい
えい画《が》を　つくってみたい。」
けれど、会社《かいしゃ》の　たいどは　つめたい　ものでした。
「えい画《が》に、とくさつなんか　ひつよう　ない。
やりたければ、一人《ひとり》で　やるが　いいさ。」
だれも、手《て》つだって　くれる　人《ひと》は
いません。英二《えいじ》は　たった　一人《ひとり》、
来《く》る日《ひ》も　来《く》る日《ひ》も、とくさつの
けんきゅうに　うちこんで　いました。

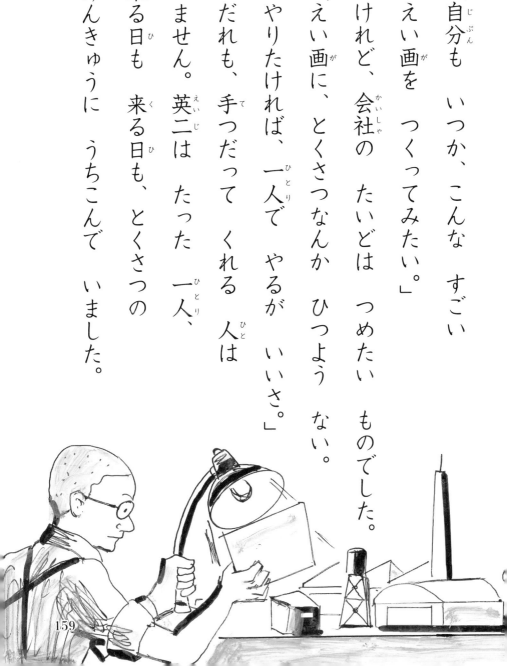

やがて　せんそうが　はじまりました。英二《えいじ》の　会社《かいしゃ》は　国《くに》から　せんそうのえい画《が》を　つくるように　たのまれます。ここで　ようやく、英二《えいじ》の力《ちから》が　はっきされるのです。

とくさつの　ぎじゅつを　つかってつくった『ハワイ・マレーおき海《かい》せん』と　いう　えい画《が》は大《だい》ひょうばんに　なり、英二《えいじ》の

じつ力《りょく》を　みんなが　みとめました。
とくに　みんなが　おどろいたのは、
かんてんを　つかって、海《うみ》を
本《ほん》もののように　見《み》せた　ことです。
けれど、英二《えいじ》は　心《こころ》の　中《なか》で　思《おも》って　いました。
「せんそうの　えい画《が》なんか、つくりたくない。
もっと　ゆめの　ある　えい画《が》を　つくりたいんだ。」
それから　まもなく　せんそうが　おわり、英二《えいじ》は
ゆめの　じつげんに　むかって、歩《ある》きはじめます。

「よしっ、これからは　自分《じぶん》の　とりたい
えい画《が》を　おもいきり　とる
ことが　できるぞ。
とくさつの　楽《たの》しさ、
すばらしさを　たくさんの
人《ひと》たちに　見《み》てもらうんだ。」
それが、日本《にほん》で　はじめての
かいじゅうえい画《が》、『ゴジラ』でした。
英二《えいじ》は、長《なが》い　間《あいだ》　けんきゅうを

かさねて きた ぎじゅつの すべてを、この 『ゴジラ』に そそぎました。みんなが びっくりするような 考《かんが》えや、新《あたら》しい アイデアが 英二《えいじ》の 口《くち》から つぎつぎと とび出《だ》します。

そして 一九五四年十一月三日《ねんじゅういちがつみっか》。ついに 『ゴジラ』が、上《じょう》えいされました。『ゴジラ』は、日本中《にほんじゅう》で 大《だい》ヒット。一千万人《いっせんまんにん》近《ちか》くの 人《ひと》が、えい画《が》かんに つめかけたのです。

それから　ときは　ながれ、やがて　日本《にほん》は　えい画《が》から、テレビの　時《じ》だいへと　うつって　いきます。

「テレビでも、子《こ》どもたちに　ゆめの　ある　番組《ばんぐみ》を見《み》せて　あげたい　ものだ。」

そう　考《かん》えた　英二《えいじ》の　むねに、ふと　こんな　考《かん》えがうかびました。

「子《こ》どもたちが　むちゅうに　なるような　ヒーローをしゅじんこうに　した、とくさつの　作《さく》ひんをつくろう。」

その アイデアは、地《ち》きゅうや うちゅうへと 広《ひろ》がって いきました。こう して 生《う》まれたのが、子《こ》どもたちの ヒーロー、『ウルトラマン』でした。

ある とき、スタッフの なかから、

「やられた かいじゅうが、ちを ながさないのは おかしい。」

と いう いけんが 出《だ》されました。

けれど それを 聞《き》いた 英二《えいじ》は、きっぱりと こう 言《い》ったのです。

「だめだ。これは、子《こ》どもたちに　ゆめを　あたえる
番組《ばんぐみ》なんだ。ちを　ながす　シーンや、
ざんこくな　場《ば》めんは
つくっちゃいかん。」
その　しんけんな　目《め》に、
スタッフたちは
だまって　うなずいたのです。
この　とき　英二《えいじ》は、
六十五《ろくじゅうご》さいに　なって　いました。

こうして　でき上《あ》がった『ウルトラマン』は　大人気《だいにんき》に。
日本中《にほんじゅう》の　子《こ》どもたちの　ヒーローに　なりました。
そして、ウルトラマンの　シリーズは
『ウルトラセブン』
『帰《かえ》ってきたウルトラマン』
『ウルトラマンエース』
『ウルトラマンタロウ』と、
つぎつぎに　生《う》まれて
いきました。

一九七〇年《ねん》一《いち》月《がつ》二《に》十《じゅう》五《ご》日《にち》、英二《えいじ》は　六十八《ろくじゅうはっ》さいで　このよを　さりました。

英二《えいじ》は、子《こ》どもの　ころから　大《だい》すきだった　ひこうきにのり、ウルトラマンの　生《う》まれた　星《ほし》に　むかって　とんでいったのです。きっと、大《おお》きな　大《おお》きな　ゴジラも、そのうしろを　おいかけて　いった　ことでしょう。

ミニミニ
人物伝《じんぶつでん》

仮面《かめん》ライダーの　原作《げんさく》しゃ「まん画《が》の　王《おう》さま」

石ノ森章太郎《いしのもりしょうたろう》
（1938～1998年《ねん》）

章太郎《しょうたろう》は、日本《にほん》の　だいひょうてきな　まん画家《がか》で、「とくさつ」作《さく》ひんの　原作《げんさく》しゃでもあります。

かいぞう人間《にんげん》が　活《かつ》やくする『サイボーグ００９《ゼロゼロナイン》』や、今《いま》も　あいされる　ヒーロー『仮面《かめん》ライダー』の　生《う》みの親《おや》として　ゆう名《めい》です。学生時《がくせいじ》だいは、日本《にほん》の　まん画《が》やアニメの　父《ちち》と　いわれる　手塚治虫《てづかおさむ》の　アシスタントをつとめました。章太郎《しょうたろう》に　ついて　手塚《てづか》は、

「かえってきた　原《げん》こうを　見《み》て　ぼくは　おどろいた。
ここまで　かいて　くれるとは　思《おも》わなかったのだ。」

と、章太郎《しょうたろう》の　じつ力《りょく》を　高《たか》く　ひょうかして　います。

しごとの　ペースの　はやさは　ゆう名《めい》で、ひとばんで50ページを　かき上《あ》げた、と　いう　でんせつものこっており、その　しごとりょうと　人気《にんき》などから「まん画《が》の　王《おう》さま」と　よばれました。

人《ひと》びとの　ために　つくした　大《だい》とうりょう

リンカーン

（1809～1865年《ねん》）

文《ぶん》／加藤純子《かとうじゅんこ》　絵《え》／平《たいら》きょうこ

アメリカの　大《だい》とうりょうを　つとめた、エイブラハム・リンカーンは、ケンタッキーしゅうの　小《ちい》さな　丸太小屋《まるたごや》で生《う》まれました。家《いえ》は　まずしく、あれた　土地《とち》をはたけに　して、くらして　いました。

リンカーンは　小《ちい》さい　ころから、お父《とう》さんの　はたけしごとを手《て》つだって　いて、学校《がっこう》に　行《い》く　ことができませんでした。学校《がっこう》に　通《かよ》えたのは、子《こ》どもの　ころの　わずか　一年《いちねん》あまりでした。

「パパ、ぼくは　もう、字《じ》も　おぼえたし、計算《けいさん》も
おぼえたよ。だから　もう　学校《がっこう》には　行《い》かなくても
いいよ。」
本当《ほんとう》は、もっと　もっと　べん強《きょう》したいと　思《おも》って
いました。でも　家《いえ》が　まずしい　ことを、リンカーンは
わかって　いたのです。
「本《ほん》さえ　あれば、ぼくは　いいんだ。」
リンカーンは、みじかい　間《あいだ》でしたが、学校《がっこう》の
べん強《きょう》で、本《ほん》を　読《よ》む　楽《たの》しさを　知《し》りました。本《ほん》の

中《なか》には、まだ　見《み》た　ことの　ない　わくわくする
せかいが　広《ひろ》がって　いたのです。
リンカーンは　しごとの
合間《あいま》や、ねる　時間《じかん》を　おしんで、
本《ほん》を　読《よ》みました。そして
たくさんの　知《ち》しきや　ことばを
みに　つけて　いきました。
なかでも、じゆうと
びょうどうを　もとめて

たたかった、アメリカ　さいしょの　大《だい》とうりょうで　ある
ワシントンの　ものがたりに、むねを　うたれました。

リンカーンは、どんな　しごとも　いやがらずに
やりました。本《ほん》を　たくさん　読《よ》んで　いるので、話《わ》だいも
ほうふです。ユーモアも　あります。
そんな　リンカーンの　まじめで、せいじつな　人《ひと》がらは、
村中《むらじゅう》に　広《ひろ》まって　いきました。

「じつは、川《かわ》を　わたって、この　にもつを　南《みなみ》の　町《まち》まで　とどけて　ほしいのだが。」

ある　日《ひ》、しごとを　たのまれた　リンカーンは、船《ふね》で　ニューオーリンズと　いう　町《まち》に　行《い》きました。そこは、りっぱな　たてものが、たちならんで　いる、とても　にぎやかな　ところでした。また、たくさんの　人《ひと》が　いて　活気《かっき》に　あふれた　町《まち》でした。

「なんだ、あれは！」

町《まち》かどで、リンカーンは　思《おも》わず　さけびました。

そこでは　アフリカから
つれて　こられた　黒人《こくじん》が、
まるで　しなものの　ように、
売《う》り買《か》いされて　いたのです。
台《だい》の　上《うえ》に　のせられた
やせこけた　黒人《こくじん》の　女《おんな》の子《こ》が、
ムチで　たたかれながら、　太《ふと》った
白人《はくじん》に　売《う》られて　いきました。
女《おんな》の子《こ》の　目《め》からは、

大《おお》つぶの　なみだが　こぼれて　います。
「なにを　するんだ！」
リンカーンが　いかりに　ふるえて、間《あいだ》に
入《はい》ろうと　すると、だれかに　うでを
つかまれました。
「やめて　おけ！　ここは　どれい市場《いちば》だ。」
アメリカの　南《なん》ぶの　町《まち》は、わたの　さいばいが
さかんでした。その　わたを　つむ　しごとを
「どれい」と、よばれる　黒人《こくじん》に　やらせるのです。

「高《たか》く　買《か》われた　どれいは、
これから　ぼろくずの
ように　はたらかされるんだ。」
「なんでだ！　同《おな》じ　人間《にんげん》だと
いうのに！」
リンカーンの　目《め》から
くやしなみだが
こぼれおちました。
そして　なにも　して

あげられなかった　自分《じぶん》を　せめつづけました。

しばらくして　リンカーンは、そだった　家《いえ》を　はなれて、べつの　町《まち》で　はたらきはじめます。いろいろな　しごとを　して　いる　うちに、せいじ家《か》に　なって、まずしい　人《ひと》たちを　たすけたいと　思《おも》うように　なりました。

そして、二十五《にじゅうご》さいの　とき、せいじ家《か》に　えらばれます。

せいじ家《か》に　なった　リンカーンは、ほうりつに　ついて、もっと　知《し》りたいと　思《おも》い、べんごしの　しかくを　とる

ことを　きめました。そして、一人《ひとり》で　こつこつと
べん強《きょう》しました。
リンカーンは、自分《じぶん》が　やろうと　きめた　ことは、
どんなに　つらく、たいへんな　ことでも、とことん
やりぬいたのです。
べんごしの　しかくを　とった　リンカーンは、まずしい
人《ひと》たちの　ために　一生《いっしょう》けんめい　つくしました。
せいじ家《か》に　なって、二十五年《にじゅうごねん》。
五十一《ごじゅういっ》さいの　リンカーンは、とうとう　アメリカの

大《だい》とうりょうに　なりました。大《だい》とうりょうに　なった、
リンカーンの　頭《あたま》を　はなれずに　いたのは、
どれい市場《いちば》での　できごとでした。
リンカーンは、「黒人《こくじん》も　白人《はくじん》も　同《おな》じ　人間《にんげん》だ」と、
どれいと　して　つかう　ことに　はんたいを
となえました。南《なん》ぶの　人《ひと》びとは、「黒人《こくじん》は　白人《はくじん》とは
ちがう　人間《にんげん》だ。だから、どれいと　して　つかうのは、
あたりまえだ」と、しゅちょうしました。
一八六一年《ねん》、とうとう　どれいを　つかう　ことに

はんたいする　北《ほく》ぶの　人《ひと》びとと、
南《なん》ぶの　人《ひと》びとの　間《あいだ》で
せんそうが　はじまって
しまいました。
この　せんそうを
南北《なんぼく》せんそうと　いいます。
リンカーンは、こんな
せんそうを　いつまでも
つづけていては

いけないと　考《かんが》えていました。

そこで、南北《なんぼく》せんそうの　なかで、いちばん　はげしい　たたかいが　あった　ゲティスバーグと　いう　町《まち》に、せんそうで　しんだ　人《ひと》の　おはかを　つくりました。

その　記《き》ねんの　しきで、リンカーンは、しずかに　語《かた》りかけました。

「八十七年前《はちじゅうななねんまえ》、わたしたちの　そせんは、人間《にんげん》は　すべて　びょうどうで　あると　いう　考《かんが》えで、この　アメリカと　いう　新《あたら》しい　国《くに》を　つくりました。黒人《こくじん》も　白人《はくじん》も、

びょうどうです。この　せんそうで　たたかって、しんで
いった　人《ひと》たちの　ことを、けっして　わすれません。
ふたたび、新《あたら》しい　じゆうの　国《くに》と　して、よみがえらせ、
人《ひと》びとの、人《ひと》びとに　よる、人《ひと》びとの　ための　国《くに》を
つくって　いきましょう。」
われんばかりの、大《おお》きな　かんせいと、
はく手《しゅ》が　わきおこりました。

つぎの　年《とし》、四年間《よねんかん》　つづいた　せんそうは、北《ほく》ぶの　しょうりで、ついに　おわりました。くさりに　つながれて　いた　黒人《こくじん》は、じゆうに　なりました。
「リンカーンさま、ありがとうございます！」
おおぜいの　黒人《こくじん》が、リンカーンに　かけよります。
「みなさんは　じゆうです。もう　どれいと　よばれる　ことは、二《に》どと　ありません。」
ニューオーリンズで　どれい市場《いちば》を　見《み》てから、三十年《さんじゅうねん》いじょうの　年月《ねんげつ》が　たって　いました。

ミニミニ人物伝《じんぶつでん》

アメリカの　さいしょの　大《だい》とうりょう

ジョージ・ワシントン
(1732～1799年《ねん》)

　ワシントンは、アメリカ・バージニアしゅうの大《だい》のう場《じょう》の　家《いえ》に　生《う》まれました。その　ころのアメリカは　イギリスが　おさめていました。1775年《ねん》、イギリスの　強《つよ》い　しはいに　はんぱつした　アメリカは、どく立《りつ》せんそうを　おこします。その　中心《ちゅうしん》に　いたのが、ワシントンです。アメリカは「すべての　人間《にんげん》はじゆうで　びょうどうで　ある」と　いう　せん言《げん》をして、イギリスぐんと　たたかいました。そして、イギリスぐんを　たおした　アメリカは、どく立《りつ》して1つの　国《くに》に　なり、ワシントンは　さいしょの大《だい》とうりょうに　なりました。

　また、子《こ》どもの　ころ、さくらの　木《き》を　切《き》りたおしてしまった　ことを、正直《しょうじき》に　お父《とう》さんに　うちあけたという　話《はなし》も　ゆう名《めい》です。

インスタントラーメンを　はつ明《めい》！

安藤百福《あんどうももふく》

（1910～2007年《ねん》）

文《ぶん》／押川理佐《おしかわりさ》　絵《え》／角《すみ》 慎作《しんさく》

おゆを　かけて、あっと　いう　間《ま》に　でき上《あ》がり。
とっても　べんりで　おいしい、インスタントラーメン。
あなたも　食《た》べた　こと、ありますか？
今《いま》では　せかい中《じゅう》の　人《ひと》が　食《た》べて　いる　インスタントラーメン。はつ明《めい》したのは、安藤百福《あんどうももふく》と　いう　日本人《にほんじん》です。
百福《ももふく》には、いつも　思《おも》い出《だ》す　風《ふう》けいが　ありました。
それは　ある　冬《ふゆ》の　夜《よる》。やけ野原《のはら》に　ならぶ　長《なが》い　れつ。
日本《にほん》は　せんそうが　おわった　ばかりで、大阪《おおさか》の　町《まち》は　あれはてて　いました。食《た》べものが　なく、みんな

おなかを　すかせて　いました。
その　れつは、さむさを　こらえて
ラーメンの　屋台《やたい》に　ならぶ
人《ひと》びとの　れつだったのです。
立《た》ちのぼる　白《しろ》い　ゆげ。
あたたかい　ラーメンを　食《た》べる
しあわせそうな　顔《かお》。これこそが、
百福《ももふく》の　心《こころ》に　ふかく　のこる、
大切《たいせつ》な　思《おも》い出《で》でした。

百福《ももふく》は、今《いま》から　百年《ひゃくねん》ほど　前《まえ》に　生《う》まれました。小《ちい》さい　ころに　お父《とう》さんと　お母《かあ》さんが　なくなり、おじいさんの　家《いえ》で　そだちました。しつけは　きびしく、そうじや　せんたく、りょう理《り》など、なんでも　いいつけられました。

自分《じぶん》の　ことは　自分《じぶん》で　する、しっかり　した子《こ》どもで、十《じっ》さいに　なると、毎朝《まいあさ》　早《はや》く　おきて、自分《じぶん》と妹《いもうと》の　朝《あさ》ごはんや　おべんとうを　つくりました。

おじいさんは　ごふく店《てん》でした。ごふく店《てん》と　いうのは、

きものなどの　ぬのを　売《う》る　お店《みせ》の　ことです。
店《みせ》は　おおぜいの　人《ひと》で、とても　にぎやかでした。
百福《ももふく》は、店《みせ》の　ようすを　ながめるのが　大《だい》すきでした。
「いつか　ぼくも　自分《じぶん》で　しょう売《ばい》を　したいなあ。
どうせなら、だれも　やって　いない、新《あたら》しい　ことを
して　やるぞ。」
大人《おとな》に　なった　百福《ももふく》は、大阪《おおさか》に　行《い》き、いろいろな
しょう売《ばい》を　はじめました。人《ひと》が　思《おも》いつかない、新《あたら》しい
ことを　見《み》つけて、しょう売《ばい》に　するのが　上手《じょうず》で、新《あたら》しい

アイデアが　うかぶと、すぐに
やって　みました。その　ための
どりょくは　おしみません。
　そんな　百福《ももふく》ですから、会社《かいしゃ》は
せいこうし、お金《かね》も　たくさん
たまりました。
　ところが　ある　とき、思《おも》いも
かけない　ことが　おこりました。
しょう売《ばい》で　大《おお》きな　しっぱいを

して、お金《かね》や　会社《かいしゃ》などを　すべて　うしなって
しまったのです。四十七《よんじゅうなな》さいの　ときでした。
「これから　いったい、どうしたら
いいんだろう。」
けれども、百福《ももふく》は　いつまでも
くよくよ　しません。
「ようし。なにも　なくなった　今《いま》こそ、
あの　ときの　思《おも》いを　みのらせて　やろう。」
あの　とき、と　いうのは、あの　冬《ふゆ》の　夜《よる》の　ことです。

せんそうで　やけ野原《のはら》に　なった　大阪《おおさか》の　町《まち》で、一《いっ》ぱいの
ラーメンの　ためにならぶ　人《ひと》びとの　長《なが》い　れつ。
食《た》べて　いる　人《ひと》の　しあわせそうな　顔《かお》。
「ああ、食《た》べものと　いうのは　本当《ほんとう》に　大切《たいせつ》だ。ほかの
なにが　あっても、食《た》べる　ものが　なくては、
どうしようも　ない　ものなあ。」
百福《ももふく》は、あの　とき、心《こころ》の　そこから　そう　思《おも》いました。
「みんなが　いつでも　すぐに　食《た》べられる、おいしい
ラーメンを、いつか　ぼくが　はつ明《めい》して　やろう。」

この　思《おも》いが　よみがえって
きたのです。
百福《ももふく》は　さっそく　うらにわに
けんきゅうの　ための　小屋《こや》を
たてると、ざいりょうを　そろえ、
まず　めんを　つくりました。
そして、その　めんに、
チキンスープの　あじを
しみこませました。食《た》べる　ときに、

スープを　つくる　手間《てま》を　はぶく　ためです。

百福《ももふく》は　さらに　考《かんが》えました。

「家《いえ》の　台《だい》どころで　長《なが》もちさせるには、めんを
かんそうさせるのが　いい。そして、おゆを　かければ
すぐに　やわらかく　もどせるように　しよう。」

けれども、これは　とても　むずかしい　ことでした。

「いったい　どうすれば、そんな　ことが　できるのかな。」

こまって、考《かんが》えこんで　いた　ときです。

「今日《きょう》の　ごはんは　てんぷらよ。」

おくさんが、台《だい》どころで
言《い》いました。あつい　あぶらの
中《なか》で、てんぷらが　ジュワっと
音《おと》を　たてて　います。
「こ、これだ！」
百福《ももふく》は　ひらめきました。
さっそく　めんを　一本《いっぽん》ずつ、
あつい　あぶらの　中《なか》に
入《い》れました。たちまち　めんの

水分《すいぶん》が　水《すい》じょう気《き》に　なって、外《そと》に　出《で》て　いきます。
「めんを　あぶらで　あげれば、しっかり
かんそうできるぞ。」
しかも、あぶらで　あげた　めんには、水分《すいぶん》が　出《で》て
いった　ときの、小《ちい》さな　あなが　たくさん　あいて
います。これに　おゆを　かけて　みました。すると、
あいた　あなから　もう　いちど　水分《すいぶん》が　入《はい》って、
めんは　わずか　二分《にふん》で　やわらかく　もどったのです。
「や、や、やったーっ！」

ついに　インスタントラーメンの　かんせいです。
めんに　しみこませた　スープが　チキンあじだったので、
『チキンラーメン』と　名《な》づけました。けんきゅうを
はじめてから、一年《いちねん》あまりが　たって　いました。
こうして　できた、せかいで　はじめての　インスタント
ラーメン『チキンラーメン』は、「まほうの　ラーメン」と
よばれて　大《だい》ひょうばんに　なりました。おいしくて
あたたかい　ラーメンを、おゆが　あれば、いつでも
手《て》がるに　食《た》べられるように　なったのです。

いっぽう、百福《ももふく》は　こんな　ことを　考《かんが》えて　いました。
「どうにかして、これを　せかいに　広《ひろ》げられないかな。」
さっそく『チキンラーメン』を　もって、アメリカに
行《い》きました。けれども、アメリカには　ラーメンを　入《い》れる
どんぶりも、おはしも　ありません。どう　しようかと
思《おも》って　いると、アメリカ人《じん》は、なんと

『チキンラーメン』を　紙《かみ》コップに　入《い》れ、おゆを
そそいで　フォークで　食《た》べたのです。
「こ、これだ！」
百福《ももふく》は　また　また　ひらめきました。
日本《にほん》に　帰《かえ》ると、さっそく　新《あたら》しい　けんきゅうを
はじめました。カップに　入《はい》った　インスタントラーメンの
けんきゅうです。
まず　はじめに、その　ころは　まだ　めずらしかった
はっぽうスチロールを　つかって、カップを　つくりました。

かるくて、ねつを　にがさないからです。この　カップに
めんを　入《い》れるのは、とても　くろうしました。カップの
上《うえ》から　めんを　入《い》れると　かたむいたり
ひっくりかえったりして　しまうのです。そこで、
めんの　上《うえ》から　カップを　かぶせた　あと、さかさに
して　入《い》れる　ことで　かいけつできました。
　こうして、せかいで　はじめての
カップめん、『カップヌードル』が
生《う》まれました。どんぶりが　なくても、

おゆさえ　あれば、いつでも　どこでも　食《た》べられる『カップヌードル』は、せかい中《じゅう》で　大《だい》ヒットしました。

百福《ももふく》は、九十五《きゅうじゅうご》さいの　ときに、うちゅうで　食《た》べられるラーメン『スペース・ラム』を　はつ明《めい》しました。そして、九十六《きゅうじゅうろく》さいで　なくなるまで、いつも　新《あたら》しい　ゆめをおいつづけました。

「食《た》べものが　じゅうぶん　あって、はじめて　よの中《なか》はへいわに　なるんだ。」

この　思《おも》いは、生《しょう》がい　かわりませんでした。

ミニミニ
人物伝《じんぶつでん》

日本《にほん》の　自《じ》どう車《しゃ》を せかいで　ゆう名《めい》に　した

本田宗一郎《ほんだそういちろう》
(1906～1991年《ねん》)

　静岡県《しずおかけん》の　浜松《はままつ》で　生《う》まれた　宗一郎《そういちろう》は、おさないころ、村《むら》に　来《き》た　自《じ》どう車《しゃ》を　見《み》て、むちゅうになります。16さいで　自《じ》どう車《しゃ》しゅう理《り》の　店《みせ》に　つとめ、6年《ねん》で　自分《じぶん》の　店《みせ》を　もちますが、一《いち》から　自《じ》どう車《しゃ》をつくる　ために、30さいで　学校《がっこう》に　入《はい》り、べん強《きょう》します。
　やがて　大《おお》きな　せんそうが　あり、日本《にほん》は　まけて、だれもが　まずしく　なりました。そんな　ころ、宗一郎《そういちろう》はエンジンの　ついた　自《じ》てん車《しゃ》を　つくり、町《まち》の人《ひと》たちに　よろこばれます。さらに　本《ほん》かくてきなオートバイを　つくり、大《だい》ヒット。せかいレースでもゆうしょうします。ついには　ゆめだった　自《じ》どう車《しゃ》をつくり、地《ち》きゅう　にやさしい　くふうが　せかい中《じゅう》にみとめられました。小《ちい》さな　町工場《まちこうば》から　はじまった会社《かいしゃ》は、今《いま》では「せかいの　ホンダ」と　いわれて　います。

ツタンカーメン王《おう》の　はかを　はっ見《けん》！

ハワード・カーター

（1874〜1939年《ねん》）

文《ぶん》／古谷久子《ふるやひさこ》　絵《え》／石黒亜矢子《いしぐろあやこ》

「きみは　絵《え》が　うまいね。いい　しごとが　あるぞ。やって　みるかね。」

イギリス人《じん》の　エジプト学《がく》しゃが、一人《ひとり》の　青年《せいねん》に　声《こえ》をかけました。その　青年《せいねん》は、のちに　エジプト王《おう》ツタンカーメンの　はかを　見《み》つける　ハワード・カーターです。十七《じゅうなな》さいの　カーターは、見《み》つけた　ものを絵《え》に　かく　スケッチがかりと　して、エジプトのたんけんたいに　ついて　いく　ことに　なりました。

昼間《ひるま》は　四十《よんじゅう》どを　こえる　ことも　ある　さばくでの

作《さ》ぎょうは　たいへんです。でも、カーターは　ここの生活《せいかつ》が　気《き》に入《い》りました。

「スケッチを　するだけで　なく、自分《じぶん》でも　はっくつができたら　どんなに　おもしろいだろう……。」

はっくつの　おもしろさに　むちゅうに　なったカーターは、たんけんたいが　イギリスへ　帰《かえ》ったあとも　エジプトに　のこり、ほかの　チームのはっくつを　手《て》つだう　ことに　しました。

朝《あさ》は　だれよりも　早《はや》く　おきて　はっくつげん場《ば》に

行《い》き、はっくつひんの　スケッチを　したり、ほり出《だ》された　たてものの　大《おお》きさを　はかって　図《ず》めんを　かいたり　します。夜《よる》、テントに　もどると、ランプの　あぶらが　切《き》れるまで、大《おお》むかしの　エジプトの　文字《もじ》や　れきしを　ひっしに　学《まな》びました。

三十三《さんじゅうさん》さいの　とき、大《おお》きな　チャンスが　おとずれます。
イギリスの　大金《おおがね》もちの　きぞく、カーナボンはくしゃくの
はっくつの　手《て》つだいを　する　ことに　なったのです。
カーターは　はくしゃくに　つたえました。
「わたしは　古《こ》だいエジプトの　王《おう》の　はかが　たくさん
ある〈王家《おうけ》の　谷《たに》〉で、
ツタンカーメン王《おう》の　はかを
見《み》つけたいと　思《おも》います。」
ツタンカーメンは

なぞに　みちた　王《おう》さまで、多《おお》くの　学《がく》しゃたちは、じっさいに　いたか　どうかも　わからないと　考《かんが》えて
いました。さらに、王家《おうけ》の　谷《たに》は
ほとんど　ほりおこされて、もう　なにも　出《で》て　こないと
いわれて　いました。

しかし、たくさんの　はっくつを　手《て》がけ、しりょうも
ていねいに　しらべて　きた　カーターは、
ツタンカーメン王《おう》は　王家《おうけ》の　谷《たに》に　ねむって　いると
しんじて　いました。

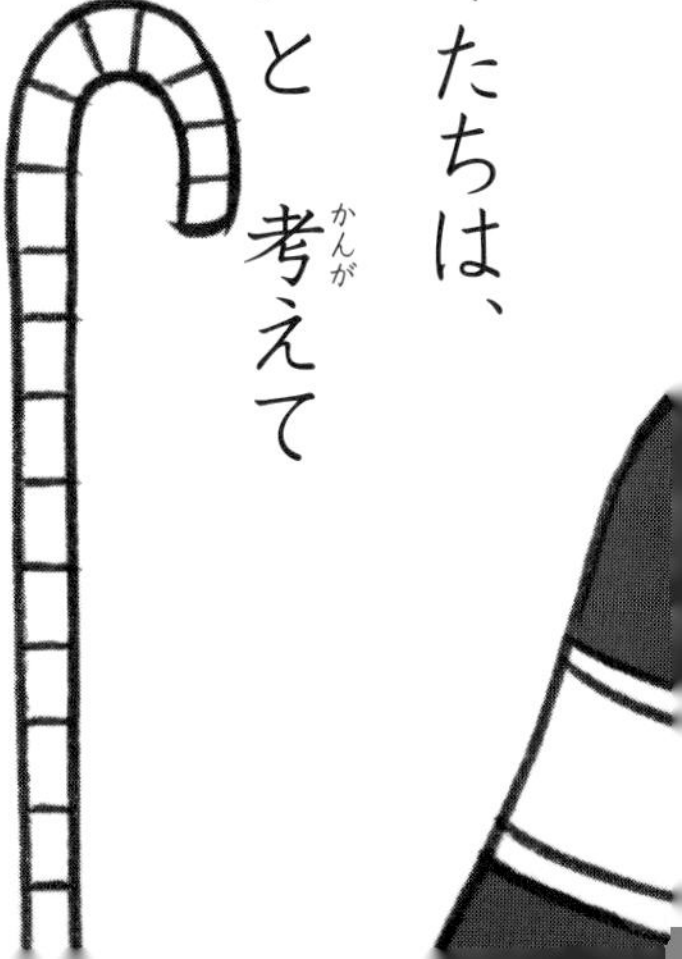

そこで、おおぜいの　作《さ》ぎょういんと
いっしょに、何年《なんねん》も　何年《なんねん》も
ほりつづけますが、思《おも》うような
せいかが　上《あ》げられません。
ついに　はくしゃくから、
「はっくつを　おわりに
したい。」
と　つげられて　しまいます。この
とき、カーターが　はくしゃくの

いらいを　うけてから、十五年《じゅうごねん》が　たって　いました。はくしゃくは、これまでに　ばく大《だい》な　お金《かね》を　つかっていたので、そろそろ　はっくつを　やめる　ときだと考《かんが》えても、ふしぎは　ありません。

「もし　ここで　やめて　しまったら、これまでのくろうが　むだに　なって　しまう。

いや……、そもそも　ツタンカーメン王《おう》の　はかをさがそうなんて、むりな　話《はなし》だったのか？」

ふあんな　気《き》もちで　ぼんやりと　地図《ちず》を　ながめて

いた　カーターは、　ある
場所《ばしょ》に　目《め》を　止《と》めました。
「そうだ！　ここは　まだ
手《て》を　つけて　いなかった！」
そこは、ほかの　王《おう》の
はかを　つくった　ときの
作《さ》ぎょう小屋《ごや》が　あった
場所《ばしょ》です。その　さらに
下《した》を　ほって　みようと

ひらめいたのです。
カーターの　心《こころ》に、ぽっと　光《ひかり》が　ともりました。
さっそく　はくしゃくの　もとを　おとずれ、ねっ心《しん》に
せつめいします。カーターの　ねついに　心《こころ》を
うごかされた　はくしゃくは、「あと　一年《いちねん》だけ」と　いう
やくそくで、はっくつきげんを　のばして　くれました。
「これが　わたしの　人生《じんせい》さい後《ご》の　はっくつに
なるだろう。こうかいしないよう、しっかり
とり組《く》もう！」

王家《おうけ》の　谷《たに》に　もどって、作《さ》ぎょう小屋《ごや》の　下《した》を
ほりはじめると……、「その　日《ひ》」は　いきなり
やって　きました。土《つち》の
中《なか》から、地下《ちか》に　おりて
いく　かいだんが
見《み》つかったのです。
はくしゃくも　見《み》まもる
なか、かいだんを
ほりすすめて　いくと、

ツタンカーメン王《おう》の
しるしが　おされて　いる　とびらが　見《み》つかりました。
「これこそが　ツタンカーメン王《おう》の　はかだ！」
カーターと　はくしゃくは　思《おも》わず　かたく
だきあいました。
とびらの　すき間《ま》から　のぞいて　みると、へやの　中《なか》は
金色《きんいろ》に　かがやく　たからもので　いっぱいです。
「ツタンカーメン王《おう》の　はか　はっ見《けん》！」の　ニュースは
またたく間《ま》に　せかい中《じゅう》を　かけめぐりました。

先《さき》を　いそぎたい　気《き》もちを
おさえて、カーターは
はっくつひんを　しんちょうに
とり出《だ》して　さつえいしました。
くわしく　記《き》ろくを　とった
あと、一《ひと》つずつ　ていねいに
つつんで　はこび出《だ》して
いきます。
はかの　はっ見《けん》から　三年後《さんねんご》、

ようやく　ツタンカーメン王《おう》の　ミイラが　ねむる　へやに　たどりつきました。

大《おお》むかしの　エジプトでは、人《ひと》が　しんだ　あとも　たましいは　生《い》きつづけると　考《かんが》え、王《おう》さまが　なくなると、体《からだ》が　くさらない　ように　くすりに　つけてから　ぬので　まいて、ミイラに　しました。

へやの　まん中《なか》に　おかれた、金《きん》の　かんおけの　ふたを　そっと　あけると、そこに　よこたわって　いたのは　まぎれも　なく、ツタンカーメン王《おう》の　ミイラでした。

三千年《さんぜんねん》いじょうもの　間《あいだ》、エジプトの　ふかい　土《つち》の中《なか》で　ねむりつづけて　きた　ミイラ。これまで、本当《ほんとう》にいたか　どうか　うたがわしいと　思《おも》われて　いたツタンカーメン王《おう》は、たしかに　そんざいしたのです！

王《おう》の　顔《かお》には、青《あお》や　水色《みずいろ》の石《いし》や　色《いろ》ガラスで　かざられ、まばゆいばかりに　光《ひか》りかがやく「黄金《おうごん》の　マスク」がかぶせて　ありました。

黄金《おうごん》の　マスクに、わずか
十八《じゅうはっ》さいで　なくなった王《おう》の、少《すこ》し
かなしげな　ひょうじょうを　たたえて
しずかに　よこたわって　います。カーターは
かんどうの　あまり　ことばも　ありませんでした。

せいきの　大《だい》はっ見《けん》を　なしとげた　カーターですが、
せんもんの　教《きょう》いくを　うけて　いなかったため、学《がく》しゃと
して　高《たか》く　ひょうかされる　ことは　ありませんでした。

しかし、学《がく》しゃたちが　となえる　じょうしきに
とらわれず、すぐれた　かんさつ力《りょく》と、じょうねつと、
にんたい力《りょく》を　もって、エジプトの　大地《だいち》を
ほりつづけました。

カーターに　よる、正《せい》かくで　ていねいな　記《き》ろくの
おかげで、三千年前《さんぜんねんまえ》の　人《ひと》びとの　くらしや　ものの
考《かんが》えかたが　わかり、これを　きっかけに、
古《こ》だいエジプトの　すぐれた　ぶんかに　ついての
けんきゅうは、大《おお》きく　すすむ　ことに　なったのです。

ミニミニ
人物伝《じんぶつでん》

大《おお》むかしの　生《い》きものの　かせきを　はっくつ

メアリー・アニング
(1799〜1847年《ねん》)

イギリスの　海《うみ》の　そばの　村《むら》で　生《う》まれた　メアリーは、家《いえ》が　まずしかったので、近《ちか》くの　がけで　見《み》つけた　かせきを　売《う》って　くらしを　たすけて　いました。かせきとは、大《おお》むかしの　生《い》きものが、土《つち》の　中《なか》で　石《いし》に　なった　ものです。

13さいの　とき、ワニのような　頭《あたま》を　もつ　生《い》きものの　かせきを　見《み》つけました。学《がく》しゃが　しらべた　ところ、1おく年《ねん》いじょう前《まえ》、水《みず》の　中《なか》に　すんで　いた　イクチオサウルスの　かせきで　ある　ことが　わかりました。

その　後《ご》も、首《くび》の　長《なが》い　プレシオサウルスや、つばさと　長《なが》い　しっぽを　もつ　ディモルフォドンの　かせきなどを　はっ見《けん》して、古《こ》だいの　生《い》きものの　けんきゅうを　大《おお》きく　はってんさせました。

●監修／山下真一（筑波大学附属小学校教諭）小学５・６年担当
梅澤真一（筑波大学附属小学校教諭）小学３・４年担当
由井薗 健（筑波大学附属小学校教諭）小学１・２年担当

●表紙イラスト／なおみのり
●カバー・本文デザイン／デザインわとりえ（藤野尚実）
● DTP ／ニシ工芸
●文／押川理佐、加藤純子、田邊忠彦、古谷久子、山口 理
●挿絵／石黒亜矢子、くすはら順子、佐藤雅枝、篠崎三朗、鈴木真実、角 愼作、たざわちぐさ、平きょうこ、高橋正輝、ちばみなこ、林よしえ、吉田 晴
●ミニミニ人物伝イラスト／高橋正輝
●企画／成美堂出版編集部
●編集／小学館クリエイティブ（宗形 康、市村珠里）
●編集協力／円谷プロダクション、日清食品ホールディングス

読んでおきたい偉人伝 小学1･2年

監　修　山下真一《やましたしんいち》　梅澤真一《うめざわしんいち》　由井薗《ゆいぞの》 健《けん》
発行者　深見公子
発行所　成美堂出版
〒162-8445　東京都新宿区新小川町1-7
電話(03)5206-8151　FAX(03)5206-8159
印　刷　共同印刷株式会社

ISBN978-4-415-32283-4
落丁･乱丁などの不良本はお取り替えします
定価はカバーに表示してあります